Los 10 mandamientos

del noviazgo

Los 10 mandamientos

deL noviazgo

ben younG y samueL aDams

GRUPO NELSON
Una división de Thomas Nelson Publishers
Desde 1798

NASHVILLE   DALLAS   MÉXICO DF.   RÍO DE JANEIRO   BEIJING

Betania es un sello de Editorial Caribe,
una división de Thomas Nelson, Inc.

© 1999 Editorial Caribe
Nashville, TN – Miami, FL

E-Mail: editorial@editorialcaribe.com
www.editorialcaribe.com

Título en inglés: *The Ten Commandments of Dating*
© 1999 por Thomas Nelson Publishers

Traductor: *Federico Henze*

ISBN: 0-88113-550-X
ISBN: 978-0-88113-550-3

Impreso en EE.UU.
Printed in U.S.A.
13ª Impresión

Foto de portada por: Stone Images

a elliot
y julie

Contenido

Reconocimientos

Los autores desean agradecer a amigos, familiares y compañeros de tarea por su apoyo y aliento durante todo el trayecto. Estamos especialmente agradecidos a Julie Adams y a Elliot Young, que nos dieron los fundamentos para la comprensión del verdadero amor y compromiso. Muchas gracias al equipo de Thomas Nelson, incluyendo a Mike Hyatt, Cindy Blades y Kathy Wills.

También gracias a Mark Boswell, Tom Thompson y Sealy Yates, por su sabiduría y su guía. Especiales muestras de agradecimiento a Glenn Lucke, Kiersten Berry y Suzanne Penuel por sus expertos y valiosos comentarios.

Y finalmente a todos aquellos que participaron en el proceso de hacer que este libro sea una realidad: Jody Hatt, Gena Strader y Laura Wright, por su maravillosa actitud, dotes de organización y continuo apoyo, a Dave Riggle (el más grande «sicólogo superficial» del mundo); a Leigh McLeroy por su inestimable información, a Charlie Davis y todo el equipo de Winning Walk; a Mike Morrison por sus increíbles habilidades de ingeniería en El Enlace del Soltero; al Dr. Jim Rolf por plantar años atrás la semilla original de este libro; y a Robert Nagel, Spencer Hayes, Jim Kemper, Jeff Riddle y Darroll Paiga (El grupo de los viernes de los hombres de Austin).

Introducción

Introducción

Si usted es como la mayoría de los solteros, está cansado ante la perspectiva de un noviazgo. Está cansado de invertir tiempo, energías y dinero en relaciones que comienzan bien y terminan con dolor en su corazón. Quizás usted está frustrado porque no encuentra a «ese alguien tan especial» para usted, sin importar cuán intensamente oró, se acicaló y rogó. Quizás estuvo manteniendo muchas relaciones serias, pero por alguna razón desconocida no pudo concretar la relación. O quizás usted volvió a estar soltero y teme cometer los mismos errores que lo llevaron a tanto dolor y desilusión en relaciones anteriores.

Aunque yo (Ben) no puedo «sentir su dolor», siento una total afinidad con usted. Hubo momentos en mi carrera de noviazgos que me sentí tan confuso y fuera de todo el sistema que pensé que mi cerebro iba a explotar. Dije: «Dios mío, o me consigues un matrimonio para mí o hazme monje, porque este asunto de los noviazgos no parece funcionar». Estaba tan desilusionado que el estilo de vida de la Madre Teresa me pareció más atractivo que nunca.

Durante mis luchas como novio, comencé a escribir chistes y teorías (tales y como «La teoría de las relaciones platónicas», «El tratamiento trofeo Heisman» y «La trampa de los Heavy Metal Headbanger») para adolescentes, estudiantes y solteros. Luego de algunos años, ideé alrededor de cincuenta términos acerca del noviazgo, una colección que titulamos «Las teorías y observaciones del Maestro Ben acerca del enredado y loco mundo de las relaciones». Es cierto, yo no era un maestro en relaciones, pero a través de las experiencias y muchas reflexiones, estaba aprendiendo lo básico de cómo lograr que el noviazgo funcione.

Finalmente el tema del noviazgo actuó en mi vida y no solamente en mis teorías. Dios no contestó mi errónea oración pidiendo que me concediera un matrimonio o que me convirtiera en monje, pero permitió que encontrara a la mujer de mis sueños, que aprendiera a crecer en esa relación y finalmente que me casara. Encontrar una mujer así bien valían los años de pena, luchas y soledad.

Durante una década de trabajar con miles de solteros y de cosechar sabiduría de mis propias experiencias acerca del noviazgo, comencé a descubrir no simplemente las teorías de las relaciones sino las reglas de las relaciones. En otras palabras, habían reglas para el noviazgo así como hay reglas en la naturaleza. Me di cuenta que si uno obedecía estas reglas, que denominamos mandamientos, iba a ser bendecido y si las desobedecía, iba a ser maldecido. Llamé a mi buen amigo, el Dr. Sam Adams, sicólogo clínico, para verificar si las reglas que yo había observado estaban basadas en la realidad o si yo estaba engañado. Me confirmó que yo no estaba insano y me dijo que él también creía que existían algunas cosas absolutas en el proceso del noviazgo. Decidimos combinar mis intuiciones y observaciones caseras acerca de las relaciones con su conocimiento clínico y experiencia de consejería, y el resultado fue este libro.

NUESTRA VISIÓN

Nuestra visión al escribir este libro fue de proveerle a usted de diez reglas comprobadas acerca de las relaciones para protegerlo de los fracasos del noviazgo moderno e incrementar en gran manera sus posibilidades de un noviazgo exitoso. Prometemos mantenernos alejados de teorías contemporáneas y relativistas del noviazgo. Nuestra meta no es deleitar sus oídos o llenar su mente con incongruencias seudosicológicas acerca de las relaciones.

Hay bastantes malos consejos respecto al noviazgo vomitados por telecomedias y programas de televisión como para llenar legiones de bares y gimnasios de solteros. Este libro le dará mandamientos prácticos, no disparates sin sentido, de cómo cumplir con las tareas del noviazgo (y no se ofendan por nuestra incorrección política). Tenga presente que estas no son sugerencias o recomendaciones basadas en informes y agencias de opinión pública. Estas son «verdades» firmes, la mayor parte con fundamento moral. Si usted obedece a los diez mandamientos del noviazgo, sus relaciones serán más suaves, se protegerá del dolor del fracaso del noviazgo actual y se encontrará en el camino de crear relaciones amorosas y perdurables. Dicho esto, queremos destacar dos actitudes que con frecuencia traen consigo la resistencia a la idea de reglas inmutables respecto al noviazgo (vamos a referirnos a las mismas a continuación):

1. Relativismo moral

Una de las más molestas tendencias de nuestra sociedad es la actitud de relativismo moral (especialmente desenfrenado en nuestra *Generación X*). La esencia de esta creencia es que no existe la verdad absoluta, toda verdad es relativa. Por lo tanto, lo que puede ser verdad para usted no tiene que ser verdad para mí, de acuerdo a este método. Los relativistas morales ponen énfasis en la «tolerancia» y en que «se siente que está bien». Ellos no creen en un patrón absoluto que ayude a distinguir claramente entre lo correcto y lo incorrecto. En realidad, se ofenden ante esta idea. Debido a que esta actitud está tan impregnada en nuestra cultura, no podemos dejar de estar algo influenciados por ella. ¿Son éstas absolutas? ¿Poseemos una fuente de la verdad? Creemos que la respuesta es un sonoro *sí*. Llámenos anticuados si lo desea, pero nosotros creemos que la Biblia tiene mucho más que decir acerca de relaciones exitosas (directa o indirectamente) que lo que la mayoría de la gente se da cuenta. Y no tenemos ningún problema en aceptarla como la máxima autoridad y norma para todos los tiempos. No aceptamos el relativismo moral y esperamos que usted tampoco.

2. El misterio de las relaciones

La segunda actitud que se cruza en el camino de las leyes inmutables de las relaciones está asociada con la naturaleza misteriosa de las relaciones. Estamos de acuerdo en que existe cierto misterio y complejidad en todo tipo de relaciones. Hay algo respecto al amor y a la atracción que es difícil de explicar y estamos totalmente de acuerdo en que no se pueden reducir las relaciones exitosas a una simple lógica. Existen frecuentemente necesidades más profundas e impulsos inconscientes que influyen en la elección de nuestras parejas. Muchos enfrentan la tentación de ceder al misterio de las relaciones, levantar sus manos y esperar lo mejor. Creemos que usted puede hacer algo mejor que eso. Aunque no podemos garantizar, y no lo hacemos, un cien por ciento de éxito a través de simples fórmulas, creemos sin embargo que usted puede mejorar sus oportunidades, y conseguir un sólido fundamento para un buen matrimonio, a pesar del misterio. Creemos asimismo que tenemos la verdad de nuestro lado, algo que muchos bien intencionados expertos en relaciones no pueden afirmar.

USTED NO TIENE NADA QUE PERDER

Queremos desafiarlo a que con toda seriedad tome en cuenta estas reglas. Sospechamos que mucha de su confusión acerca del noviazgo puede ser eliminada si usted simplemente obedece a estos diez mandamientos de las relaciones. Recuerde, Dios le dio a Israel los Diez Mandamientos para enseñarles a vivir la vida. Estos diez están diseñados para mostrarle cómo tener éxito en su vida amorosa. Cada capítulo le indicará los beneficios de obedecer los mandamientos y las consecuencias de desobedecerlos. Si usted ya desobedeció algunos de ellos, no se aterrorice. Usted puede obedecer el mandamiento y volver al buen camino. Nunca es demasiado tarde. El noviazgo es uno de los procesos más importantes por el cual deberá pasar, y potencialmente lo puede guiar hacia una de las decisiones más importantes de su vida. USTED NO PUEDE PERMITIRSE EL LUJO DE IGNORAR LAS REGLAS

DE ESTE LIBRO. Este libro está escrito desde una perspectiva cristiana. Pero no tiene que ser un cristiano para que estas reglas le ayuden. Ellas solamente reflejan la verdad. Sin tomar en cuenta sus creencias, cuando usted respete estas reglas, estará mucho mejor. Si ya estuvo echando un vistazo a nuestros diez mandamientos y siente que es demasiado tarde, relájese. Usted no está solo. Las consecuencias negativas de las malas decisiones pueden permanecer, pero la buena noticia es que nunca es demasiado tarde para comenzar a hacer bien las cosas. Las relaciones siempre serán una bolsa con una mezcla de alegría y dolores del corazón, diversión y trabajo serio. Por supuesto, el noviazgo es un negocio de riesgo, pero haciéndolo bien vale la pena el riesgo. Creemos que si usted obedece estos mandamientos, experimentará una gran paz, amor y satisfacción en su propia vida y en sus relaciones. Usted lo tiene todo para ganar y nada que perder.

VIVIRÁS
TU VIDA

Son las 5:30 de la tarde del viernes y usted acaba de terminar otra semana de cuarenta horas. Usted toma unas galletas y una Coca Cola y se desploma en su sofá con el control remoto en una mano y su correspondencia en la otra. Revolviendo el correo chatarra, usted descubre que Ed McMahon[1] lo está haciendo millonario por decimoquinta vez cuando súbitamente se da cuenta que hay una carta de la que es su novia hace más de un año.

Abre el sobre y se sumerge en la carta. Las palabras *creo que no nos tenemos que ver más* hacen explotar la página y se introducen en su corazón igual que esquirlas de metralla caliente. ¡Esta es una carta bomba, no una misiva de amor! Su corazón se hunde hasta su estómago al darse cuenta de que esta persona, en la cual ha invertido tanto tiempo, energía y emoción, ha puesto simplemente final a algo que usted pensó que iba a durar para siempre. Una vez que usted pasó el susto inicial, verifica si en su

---

1. Personaje que promueve sorteos por correspondencia en los Estados Unidos a través de la oferta de variadas revistas. *Nota del Editor*.

contestadora telefónica hay algún mensaje de su novia reconsiderando su decisión o al menos algo para suavizar el golpe. Nada. Se siente profundamente herido, rechazado y completamente solo.

Transcurren algunos meses y por alguna extraña razón las cosas no experimentan ninguna mejoría. En realidad, usted sigue en la misma zanja emocional en la cual cayó el día que recibió la carta. Al continuar escarbando en su dolor, vuelve a repasar en su mente su relación una y otra vez. Se pregunta: «¿Cuál fue el error? ¿Quién tuvo la culpa? ¿Por qué una cosa tan linda se agrió?»

Finalmente comienza a emerger una verdad y se da cuenta porqué esta relación fracasó; simplemente usted no tenía una vida. *Esa persona* era su vida. Su entera autoestima estaba envuelta en otra persona. Ahora puede apreciar de qué manera ha puesto su vida en un compás de espera, su carrera, intereses, amigos y hasta su relación con Dios. Por lo tanto, tenía poco para dar a esa relación. Desde que esta relación terminó, no tiene nada que lo sostenga. Sin su novia, usted no tiene vida.

Lamentablemente hemos sido testigos cercanos de innumerables historias como la que acabamos de contar. Miles de solteros han perdido tontamente sus relaciones o nunca las comenzaron correctamente porque ignoraron este primer y fundamental mandamiento del amor: ¡Deberás vivir tu vida!

Años atrás, la mujer de mis sueños (de Ben), se deshizo de mí dos veces en un período de seis semanas. Aunque sentí como si ella me hubiese sacado el corazón de mi caja torácica, resultó ser una de las experiencias más valiosas de mi noviazgo. Fue a través de ese doble rechazo que yo aprendí que la cosa más importante que una persona puede traer a una relación es una vida. ¡Una *verdadera* vida! Cuando usted invierte toda su energía y autoestima en conseguir una cita o tener una relación, usted no tiene una vida.

Las personas con vida no están sentadas esperando ser alzadas sobre sus pies. Personas con vidas no hacen del «casarse» su mayor meta. Personas con vida no tienen que tener una relación o una cita para sentirse bien. Personas con vida no ponen su esperanza en la iglesia, en el bar o consultan a síquicos por teléfono con la esperanza de encontrar a la persona especial. Las relaciones y el matrimonio son metas importantes (si no, ¿por qué iba a estar leyendo este libro?), pero deben mantenerse en perspectiva. Cuando las relaciones románticas se transforman en una obsesión o son elevadas a un primer plano, usted tiene un problema.

He aquí una noticia realista: si no posee una vida propia, no será feliz aunque tenga citas, se enamore, y se case. ¿Por qué? Porque usted no tendrá nada que aportar a la relación y absorberá a su compañero de noviazgo (o a su cónyuge) hasta secarlo completamente. Usted pondrá, inevitablemente, grandes expectativas en el otro para que lo satisfaga, lo complete, lo entretenga y lo alivie. Ninguna cosa creada, ciertamente nada humano, puede responder a estas estrafalarias expectativas. Solamente el Creador que lo creó puede hacerlo, y Él lo creó para que... ¡tenga vida!

Antes de que vuelva a salir o diga «yo lo hago», por favor siga este primer y más grande mandamiento de tener vida. Si se está preguntando qué aspecto tiene la verdadera vida o cómo conseguir una, lea. Pero antes observemos qué puede pasar cuando alguien decide rebelarse y romper con este primer mandamiento de las relaciones. Lo llamamos la no-vida.

LA NO-VIDA

Las personas que están viviendo una no-vida poseen una cosa en común: pusieron sus vidas en un compás de espera. Se han consumido tanto tratando de encontrar a alguien que supla sus necesidades y les dé significado, que su verdadera vida ha sido relegada a un segundo término. Algunos de la no-vida simplemente se retiraron y abandonaron. Se autoconvencieron de que no vale la pena vivir la vida con cualquier clase de pasión sin tener un compañero. Tanto que se encuentren obsesionados buscando a la persona especial como que lo hayan abandonado, ellos han contraído la fatal enfermedad de la no-vida. He aquí los síntomas más comunes de esta enfermedad, conocidos como las cuatro mortales D.

1. Desesperación

Una persona desesperada posee un sentido de urgencia en encontrar un compañero. Se muere por encontrar a alguien que le llene el vacío emocional de su alma. Yo (Sam) nunca olvidaré a Mike, un exitoso vendedor de propiedades de treinta y dos años, el cual vino a verme debido a que se había dado cuenta de que estaba atropellando mujeres a diestra y siniestra. Pronto descubrimos que parte de este problema era su tendencia de probar y cerrar el trato a la tercera cita como si fuese un tipo de transacción de bienes raíces. Su urgente necesidad de llenar un vacío le impedía ir más despacio y permitir un proceso de vinculación más normal y natural. Mike poseía una gran cantidad de valores, incluyendo dinero, prestigio y buen aspecto, pero no poseía la fuerza interior necesaria para impedir esa desesperación. Finalmente aprendió a ir más despacio, pero solamente después que deliberadamente invirtió tiempo y energía en llenar este vacío. Él cambió sus prioridades, y se transformó en una persona más balanceada, con otras pasiones en la vida.

Los desesperados buscadores de citas se encuentran a veces rondando ciertos acontecimientos, como son la graduación en la universidad, un cuadragésimo cumpleaños o tinta fresca en papeles de divorcio. Lamentablemente, su estrategia de urgencia por unirse asusta a las parejas potenciales, en vez de atraerlas. Acepte un consejo de Confucio: «La desesperación produce transpiración y la transpiración produce un rechazo en cualquiera».

2. Dependencia

Una persona dependiente consigue significación y seguridad a través de otros. Debe estar junto a otra persona para sentirse bien ella misma. Hemos visto incontables hombres y mujeres estar pendientes de relaciones enfermizas, hasta relaciones emocional y físicamente abusivas, solamente por esta razón. Una noche llamó Kristen al programa radial de Ben, *El Enlace del Soltero*, para discutir su relación con Karl; estaban separados y parecía que sin él era incapaz de tomar decisiones por su propia cuenta. Para rematarlo, ella confesó que Karl era agresivo y violento con ella y estaba en la cárcel debido a ello. Iba a salir este fin de semana. Tan increíble como pudiese parecer, ella llamó al programa para preguntar «¿Qué debo hacer»? Tenemos una tremenda compasión por personas como Kristen y albergamos grandes esperanzas por aquellos que reconocen su dificultad y buscan ayuda.

Novios dependientes tienen dificultad en tomar decisiones y aceptar responsabilidades por sus vidas y por sus propias decisiones. Cuando una persona dependiente se relaciona, generalmente succiona la sangre vital de la otra persona, como una garrapata a un perro. Dos novios dependientes se enfrentan a una situación aún más imposible: ¡dos garrapatas, ningún perro! Por supuesto, como humanos dependemos en cierta medida de otros para ciertas necesidades. Esto es normal y saludable. Pero una persona infectada de la no-vida dependerá excesivamente de la otra persona para conseguir cubrir la mayoría de sus necesidades y la provisión de su identidad.

3. Depresión y soledad

Los sentimientos de depresión y soledad son las principales quejas de los solteros que creen que alguien más puede hacerlos felices. Esto puede adoptar varias formas, pero generalmente es una condición que afecta a toda la persona: física, emocional y espiritualmente. La mayoría de las personas que viven la no-vida experimentarán algunos sentimientos de depresión, los cuales pueden incluir características tales como infelicidad, melancolía, falta de energía y alejamiento de los demás. También es común experimentar un bajón en su auto-confianza o autoestima.

Reggie trató de comenzar relaciones con mujeres diferentes y las cosas no funcionaron. Luego de tres fracasos y estar empapado de soledad, Reggie comenzó a fustigar verbalmente a las mujeres cuando conversaba con su pequeño círculo de amigos. Sumergiéndose más y más en el Internet, cortó las conexiones normales con sus pares y convirtió su habitación en una cueva. Sobrevinieron rabiosas y distorsionadas visiones de la realidad, por lo que cuando Reggie efectuaba un ocasional regreso al mundo real, era un agujero negro social y cada vez menos personas deseaban estar cerca de él. Esto solamente empeoró la condición, y pronto su vida consistió en viajar por el Internet y mirar televisión. Reggie alejó a los amigos que quedaban y se sumergió profundamente en el abismo.

El peligro de la depresión y de la soledad es que puede comenzar una espiral descendente. En otras palabras, cuanto más deprimido está, hay más probabilidades para retrotraerse y luego exacerbar la depresión. Finalmente esto puede llevar a una forma aún más severa de depresión (depresión clínica), la cual puede presentar síntomas como pérdida del apetito y sueño, dificultad para concentrarse, problemas de funcionamiento normal y sentimiento de desesperanza. Esta forma más severa de depresión necesita atención profesional tal como consejería o terapia y posible medicación.

La buena noticia es que aún en la espiral descendente una persona puede ser tratada y comenzar una espiral reversa de vuelta a la vida. Reggie, luego de un episodio violento, fue dirigido a un consejero. Llevó tiempo, pero finalmente Reggie se convirtió en un individuo agradable que cultiva numerosas relaciones saludables con personas que buscan su compañía. Descartada la no-vida, Reggie experimenta ahora los frutos de tener una vida real en la cual él trae gozo a todos a su alrededor.

4. Desprendimiento

«Aislado», «recluido», «solitario», y «mirando el programa de Jerry Springer»[2] describe a alguien que se ha desenganchado

2. Presentador de la televisión norteamericana cuyo programa se caracteriza por la comparecencia de personas con conflictos en el hogar. Nota del Editor.

de la vida. Esta persona se ha separado de relaciones sociales vitales; el deseo de pasar el tiempo con amigos, involucrarse con la comunidad, o servir en la iglesia local, se ha desvanecido.

Linda, una vivaz mujer de solo veinte años, era una de las personas más extrovertidas que usted jamás haya visto. Sin embargo, luego de una serie de relaciones dolorosas, comenzó a retirarse para protegerse a sí misma. Desafortunadamente, su bien intencionado plan le salió mal. Linda acumuló bastante peso (el cual, admitió, fue una acción defensiva, autodestructiva), saboteó viejas amistades y se distanció de su familia. Para hacerlo corto, Linda se aisló completamente de los demás. Yo estoy seguro que Linda no se retiró tan radicalmente a propósito, sin embargo puede ser fácil para cualquiera hacerlo una vez que se comienza a bajar por ese camino.

Sobrellevar la no-vida: el refugio en los medios de comunicación

En nuestra sociedad altamente tecnificada, uno de los mayores peligros para los de la no-vida es la tendencia a usar ciertas formas de medios de comunicación para sobrellevar el aislamiento. Esto es lo que llamamos *el refugio de los medios de comunicación*. La gente que mira los mismos como su fuente primaria (o única) para sus necesidades emocionales y de relación definitivamente necesitan vivir su vida. Ellos se apoyan en la televisión, la radio, el video o el Internet para satisfacerse. Los que se refugian en estos medios pasan todo el tiempo frente a una pantalla, alquilando películas, en un salón de conferencias por Internet o en el intercambio local de discos compactos. Ha nacido una vasta subcultura en la cual estas personas pueden refugiarse. Hace poco estuvimos en una tienda de computación comprando programas. Quedamos pasmados ante el gran número y variedad de programas y accesorios, juegos y mandos, todo tipo de herramientas usadas por los refugiados en los medios de comunicación para escapar de la vida hacia una no-vida de perpetua ciberdistracción. En algún momento todos nosotros hemos descendido a la no-vida. La buena noticia es que usted no necesita llamar a un médico o ir a la cruzada de los milagros de Benny Hinn para ser curado de la no-vida. Si las cuatro D lo describen a usted, entonces el camino hacia una vida apasionada y satisfecha es a través de lo siguiente: usted debe tener *fundamentos*, estar *agrupado*, estar *orientado a una meta, dar y crecer.*

CÓMO VIVIR

1. *Tenga una base*

Tener una base es fundamental para vivir. Se refiere a tener una sólida identidad y sentido de sí mismo. Esto incluye todo, desde reconocer su propio valor hasta sentirse confiado y seguro. Los individuos con una sólida identidad no pueden ser perturbados o destruidos por una aridez de citas o constantes invitaciones de bodas en el correo. Ellos saben quiénes son. Ellos son completos y enteros en sí mismos.

La opinión predominante en nuestra sociedad es que el valor humano y la felicidad se obtienen a través de logros y rendimientos tangibles: si usted posee dinero, poder, prestigio, buena apariencia e inteligencia, entonces usted vale. El mensaje es: «Cuanto más posee, mayor es su autoestima». Esta fórmula puede arruinar literalmente su vida.

Juzgando por esta norma arbitraria, figuras del espectáculo como Michael Jackson deberían ser las personas más centradas, confiadas en sí mismas y estables del planeta. Él tiene talento, dinero, poder, y millones de aficionados que lo aman y adoran. Qué tragedia es ver a este «hombre-niño» cambiar su nariz, labios, cabello y piel en un intento de sentirse mejor. En un sentido, posee todo esto, pero en otro sentido, el Rey del Pop no tiene nada. No sabe quién es. No tiene una base.

Muchos de nosotros somos parecidos a Michael Jackson (aun cuando espero que su mejor amigo no sea un chimpancé[3]). Nos

---

3. Michael Jackson declaró que su mejor amigo era un chimpancé. Nota del traductor.

ocupamos de nuestro aspecto exterior, nuestro cabello, rostro, cuerpo, vestimenta, posesiones y carrera, para darnos un sentido de valor. Es como poner un pequeño apósito protector sobre una gran herida.

Yo (Sam) di consejería hace poco a una joven que parecía poseerlo todo: gran apariencia, ropa de estilo, un nuevo automóvil Lexus, su propio negocio y también un acaudalado y bien parecido marido. Sin embargo, se sentía miserable y sola. ¿Por qué? *Ella se había concentrado en lo externo para arreglar lo interno.* No hay nada malo en hacer ejercicios, vestirse bien y hacer una carrera, pero si usted persigue estas cosas para que le den un sentido de autoestima, usted *siempre* estará buscando.

La autoestima no es algo que usted puede adquirir por ahí. La autoestima no es algo que usted compra, consigue u obtiene. Es algo que *ya* posee. Poseer fundamentos significa aceptar el hecho que ha sido creado a la imagen de Dios y posee un valor *inherente.* Este valor es completo y no cambia. No es algo que usted puede aumentar o disminuir dependiendo de sus logros. El valor, basado en ser una imagen de Dios, no fluctúa. Este valor intrínseco no cambia a pesar de su personalidad, su rendimiento o sus posesiones, porque está basado en el carácter inmutable de Dios.

Piense de esta manera: Dios mismo lo hizo a usted y lo hizo *a su imagen.* Significa que tenemos la estampa de su imagen. Nosotros hablamos del dinero en sus diferentes denominaciones, como son la moneda de diez centavos, la moneda de veinticinco centavos, el billete de cinco dólares o el billete de cien dólares. Cada moneda o billete posee dos cosas: la impresión de una imagen (como George Washington o Abraham Lincoln) y un valor específico. La moneda de un cuarto de dólar lleva estampada la imagen de George Washington y tiene un valor de veinticinco centavos. Usted está nombrado en el nombre de Dios, lleva estampada su imagen y por eso su «moneda» es inestimable. ¿Puede usted dar un valor al Dios Omnipotente? No, y desde que usted lleva la estampa de la imagen del Inestimable, usted también es inestimable. Esto es autoestima. Aceptar esto es la clave de estar bien cimentado.

A la luz de esta realidad, el Dr. Peter Kreeft, en su libro
Knowing the God Who Loves You [Conociendo al Dios que le ama],
dice:

> Acéptese. Ámese. Respétese. Este es un buen consejo si
> es bien entendido. ¿Pero por qué debo aceptarme si no lo
> siento así? ¿Cuál es el fundamento, objetivo ineludible como
> roca sólida para mi autoestima? Si son solamente mis senti-
> mientos o percepciones o las percepciones de mi sicólogo,
> entonces la casa de mi autoestima está construida sobre arena.
> Cuando vengan las lluvias, mi casa de autoestima caerá y será
> una caída catastrófica. Pero si mi casa está basada en la Palabra
> de Dios, entonces aunque vengan las lluvias de los presenti-
> mientos adversos y de la desconfianza en sí mismo, mi casa de
> autoestima permanecerá firme porque está construida sobre la
> roca de la inmutable verdad de Dios, no sobre los cambiantes
> sentimientos respecto a mí mismo. La autoestima es necesaria
> para la salud sicológica, y no existe ninguna otra base para ella
> que la seguridad del amor que Dios tiene para mí.[4]

Cuando usted se vea de la forma en que Dios lo ve, estará
libre de la inseguridad y del temor. Lo que usted cree de sí mismo
y de su identidad interior determina cómo se comporta. A la larga,
asentarse se refiere a establecerse en la realidad granítica del
amor y favor de Dios para usted.

2. Únase a grupos

Los sicólogos manifiestan que una de nuestras más profundas necesidades es estar unidos a otros de una manera significativa. Usted fue creado por Dios con el deseo de estar en relación
con otras personas, y cuando este deseo dado por Dios no es
satisfecho, usted sufrirá. Usted experimentará un vacío y un
anhelo que solamente podrán ser llenados cuando se asocie con

---

4. Peter Kreeft, *Knowing the God Who Loves You* [Conociendo al Dios que le
   ama], Servant Publications, Ann Arbor, MI, 1988, p. 171.

otros. *Agruparse significa desarrollar relaciones que nos colmen.* Es estar involucrados con otros más allá de lo superficial. Es estar en relaciones más profundas, donde hay verdad, seguridad y vulnerabilidad.

Seinfeld, uno de los programas de televisión norteamericanos situado por varios años en el tope de la popularidad, basó su éxito parcialmente debido al énfasis en las relaciones y en estar en grupos. Los personajes del programa, Jerry, George, Elaine y Kramer, eran todos solteros que vivían en la ciudad de Nueva York. De una manera extraña, estos personajes formaban un tipo de familia, dando cada uno apoyo y aliento al otro (en una forma irónica), cuando enfrentaban las luchas de la vida diaria.

Según nuestra experiencia, no creemos que sea coincidencia que los hombres y mujeres que sienten pasión por la vida, por Dios y son diferentes al mundo están siempre involucrados en algún tipo de agrupación. Puede ser un grupo responsable, de estudios bíblicos, o algún tipo de agrupación de ayuda, pero el factor básico es que están unidos a otros a un profundo nivel. Usted no es una isla o el Llanero Solitario. Usted fue diseñado para la comunidad. ¿Está comprometido con una iglesia local? ¿Forma parte de un grupo responsable o de apoyo? ¿Es miembro de un equipo deportivo? ¿Participa en proyectos de servicios a la comunidad? ¿Tiene en su vida a personas que lo alientan y, de ser necesario, afablemente lo confrontan? ¿Forma parte de un grupo en el cual se escuchan mutuamente y se revelan sus más profundas preocupaciones? Si no es así, dé hoy mismo ese paso. Inquiera respecto a unirse o empezar con un grupo, y esto le ayudará a impulsarse desde la no-vida hacia una vida vibrante.

3. Busque una meta

Una reciente encuesta reveló que el veintisiete por ciento de nuestra población recibe algún tipo de ayuda social, el sesenta por ciento solo logra mantenerse, el diez por ciento es considerado moderadamente exitoso y el tres por ciento es muy exitoso. El mismo estudio reveló que el veintisiete por ciento de nuestra población no hace ningún esfuerzo para planificar el futuro, el sesenta por ciento dedicó algún pensamiento al futuro, el diez por ciento tiene un claro concepto hacia dónde se dirigen y solamente el tres por ciento tiene sus metas por escrito.[5] En otras palabras, había una directa y positiva correlación entre el éxito monetario y la planificación del futuro. Las personas más exitosas de la encuesta eran aquellas que en realidad habían puesto sus metas por escrito, y esa dinámica también triunfaba en otras áreas de la vida.

Las metas nos impulsan. En los negocios, en la política y en las relaciones con Dios, las metas hacen la diferencia entre avanzar con un propósito o dar vueltas en círculos sin sentido. Muchas personas tienen más problemas para fijarse metas que para cumplirlas. La actriz Lily Tomlin dijo una vez: «Yo siempre deseé ser alguien, pero debería haber sido más específica».

Sea específico y anote sus metas. Póngase metas en cada aspecto de su vida. Fíjese metas de desarrollo personal (como hacer ejercicios tres veces por semana, aprender un nuevo idioma, o unirse a una liga de sóftbol), metas espirituales, metas financieras y metas acerca de su carrera. Los consejos siguientes le ayudarán a fijar y lograr sus metas:

1. Para los principiantes, pregúntese: «¿Con qué partes de mi vida no estoy satisfecho?» O, «¿qué es lo que verdaderamente quiero en la vida?» Convierta las respuestas en metas y escríbalas en un diario o anótelo en su computadora. Recuerde: *las metas deben ser específicas, que se puedan medir y lograr.*

2. Escriba objetivos que le ayudarán a alcanzar sus metas, estos son llamados submetas.

3. Escriba una nueva declaración de la misión o creencia que le ayudará a alcanzar sus metas en esos aspectos.

4. Decida cuán comprometido está en alcanzar sus metas.

5. Rick Warren, *Encouraging Word*, tape ministry, Mission Viejo, CA.

Si desea estar en una óptima condición física, escriba cuán comprometido está para hacer que esto ocurra. Por ejemplo, escriba: «Me comprometo a comer alimentos sanos y a hacer ejercicios tres veces por semana por el resto de mi vida. Si yo no como saludablemente y hago ejercicios, mi salud emocional y física sufrirá. Continuaré siendo letárgico, con tensión y con depresiones si no respeto mi compromiso. Pero esto no sucederá porque estoy absolutamente comprometido a alcanzar un perfecto estado físico. Comiendo saludable y corriendo tres veces por semana, me sentiré más vivo, con energías y entusiasmado por todo lo que hago. Quiero vivir una larga y satisfecha vida debido a este compromiso.¡Lo respetaré cueste lo que cueste!»

5. Controle diariamente sus submetas y semanalmente sus metas principales. Lea cada mañana su compromiso para lograr esas metas. Si su meta es su buen estado físico, revise diariamente su compromiso para esa meta, hasta que se haga una parte natural de su manera de vivir. Si su meta es el crecimiento espiritual, revíselo también diariamente. Al leer su compromiso una y otra vez, desarrollará estrategias que le ayudarán a alcanzarla automáticamente. Su programa de ejercicios puede cambiar de tres a cuatro veces por semana. Puede reemplazarlo por nadar, caminar o hacer aeróbicos u otro deporte favorito. Puede estudiar la Biblia y orar algunos días por la mañana y otros días por la tarde. Su plan de actuación puede ser flexible pero su compromiso nunca debe cambiar.

4. Dar

La mayoría de las personas que están deprimidas, indiferentes o desesperadas, generalmente ni siquiera consideran la gran «D» de dar. Piénselo, cuando usted se siente de este modo, su tendencia es a concentrarse solamente en sus propias necesidades y deseos. En estos tiempos de afirmaciones diarias («soy bastante bueno, soy bastante inteligente y ¡caramba!...») y la terapia de «anda y felicítate», parece radical, si no herética, el decirle a la gente que se concentre en cualquier otro que no sea ellos mismos. *La clave para una vida de miseria y soledad es hacer esta sola cosa: buscar su propio placer.*

Dar es buscar satisfacer las necesidades de otros a un nivel práctico. ¿Usted busca satisfacer las necesidades de sus amigos o de sus familiares? ¿Pregunta usted, «qué puedo aportar a esta amistad» y no solo, «qué puedo conseguir de ella?» La personas asentadas, agrupadas y orientadas hacia una meta buscan servir y satisfacer las necesidades de otros.

¿Recuerdan el programa del Dr. Seuss, The Grinch Who Stole Christmas? [El Grinch que se robó la Navidad]. Ese Grinch era un pequeño y delgado personaje, parecido a un demacrado lagarto. Había nacido con un corazón tres veces más pequeño que la gente normal, por lo que estaba lleno de ira, celos y envidia. Pero aun después de haber robado la Navidad de los Whos de Whosville, continuó percibiendo el gozo y felicidad de ellos. Ellos continuaban contentos porque se daban entre ellos. Esto tocó tan profundamente al viejo e insensible Grinch que cambió y comenzó devolviendo la Navidad a los Whos. Al hacer esto, su corazón creció tres veces su tamaño.[6]

5. Crezca

En todos los aspectos de la vida, las cosas están o estancadas o creciendo. Si usted no está creciendo, expandiéndose, o mejorando su vida, usted está estancado. Casi todos quieren estar llenos de vida y vivir con entusiasmo. Pero algunas personas son casi cadáveres ambulantes, porque han *cesado* de crecer. Crecer requiere la voluntad de estudiar, mejorar, explorar, descubrir y estirar la mano para «ir atrevidamente adonde no has ido antes». ¿Cómo crecer? Es simple. Pregúntese: «¿Qué es lo que me entusiasma?» o «¿Qué haría si tuviese todo el dinero del mundo

---

6. Dr. Seuss, *How the Grinch Stole Christmas* [Cómo el Grinch se robó la Navidad], Turner Entertainment Company on Warner Home Video, 1966.

y sé que no voy a fracasar?» Aquí hay una lista de formas en que usted puede crecer. Para más, vea el libro del Dr. Harold Ivan Smith *51 Good Things to Do While You're Waiting for the Right One to Come Along* [51 cosas buenas que hacer mientras usted espera que llegue la persona indicada].

1. Aprenda un nuevo idioma.

2. Aprenda a tocar un instrumento musical.

3. Haga escalamiento de montaña o paracaidismo (para los fuertes de corazón).

4. Tome lecciones de baile.

5. Aprenda a pintar, dibujar o escribir poesías.

6. Comience a cazar o a pescar.

7. Mejore sus dotes de oratoria en público.

8. Juegue su deporte favorito o búsquese uno nuevo.

9. Continúe con su educación.

10. Salga a navegar a vela, a practicar esquí acuático o a bucear.

11. Aprenda acerca de otro país y cultura y luego viaje a ese país extranjero.

«Ay, esto suena a riesgo. ¿Qué pasa si fracaso?» ¿Y qué? Hasta el fracaso es un aprendizaje, una experiencia del crecimiento. *El éxito viene de un buen discernimiento, el buen discernimiento viene de la experiencia y la experiencia viene de cometer errores.* No se preocupe si usted no es Norman Rockwell o Pablo Picasso luego de un mes de lecciones.

La clave para crecer es el riesgo. Leo Buscaglia dijo en cierta ocasión: «La persona que nada arriesga, nada hace, nada tiene y nada es. Reírse es arriesgarse a hacer de tonto. Llorar es parecer sentimental. Dirigirse a los demás es arriesgarse a quedar involucrado.

Amar es arriesgarse a no ser amado. La persona que nada arriesga puede que evite el sufrimiento y la pena, pero él simplemente no puede saber, sentir, cambiar, crecer, vivir o amar».[7]

Tome el riesgo e impúlsese dentro de la vida. Apodérese del día. Atrévase a vivir una vida extraordinaria. Comience algo nuevo o reavive una antigua pasión, haga lo que haga, nunca deje de crecer.

CONSECUENCIAS POR DESOBEDECER ESTE MANDAMIENTO

- Estará aburrido, depresivo, solo, centrado en sí mismo, preocupado y desesperanzado. Solamente irá empeorando, porque cuanto más viva la no-vida, más enfermará. ¿Suena bastante mal, verdad?

- Por si no se ha percatado realmente de la situación, vamos a resumir las consecuencias con una pregunta final: Respondería usted a un aviso clasificado de solteros del diario o del Internet que dijera esto: *Soltero, blanco, con sobrepeso, amigo del sofá, triste, solitario, obsesionado consigo mismo, busca soltera, blanca, de buena apariencia, atlética, profundamente cristiana, que guste de la vida, amante de la vida al aire libre, y con un real entusiamo por vivir.* ¡Por supuesto que no! Esta es la razón por la cual usted debe obedecer a este mandamiento. Si elige no obedecer, entonces solamente deberá esperar que continuará repeliendo al sexo opuesto y seguirá sin felicidad.

BENEFICIOS POR OBEDECER ESTE MANDAMIENTO

- Cuando usted posee vida propia, usted es atractivo para los demás. Este es el primer beneficio de vivir su

7. Leo Buscaglia, *Living, Loving, and Learning* [Viviendo, amando y aprendiendo], Ballantine, 1983.

vida. Las personas que emanan confianza, estabilidad
y entusiasmo por la vida inevitablemente atraerán a
otros como un imán. Este es simplemente un
subproducto de esta primera regla.

- Una vez que ha entrado en una relación aumentarán
  grandemente sus posibilidades de que la misma sea
  saludable y recompensable. Aumentará su capacidad
  para la intimidad y se fortalecerá su habilidad de
  enfrentar los desafíos que sobrevienen en las
  relaciones. Como usted tiene una vida, será
  interesante para su compañero, tener algo que ofrecer
  que pueda iluminar e informar a otros.

- Usted no pondrá presión indebida y excesivas
  expectativas en su compañero para satisfacer sus
  necesidades emocionales y sentirse satisfecho. Esto
  los dejará libres a ambos para ser ustedes mismos y
  reconocerse mutuamente como personas separadas.

- Finalmente, estará contento, feliz, y con paz interior.
  Este gozo emanará de usted porque tiene entusiasmo
  por la vida. Sabe quién es, posee un sistema de apoyo,
  tiene una dirección y busca servir
  a otros.

ayuda para usted que ha desobedecido este mandamiento

- Relájese. Un error o dos no son el fin del mundo, pero
  es una oportunidad para el cambio. Permita que esto lo
  motive a encontrar una verdadera existencia. Permita
  que los síntomas de la no-vida sirvan como
  catalizadores para un cambio.

- Revise los cinco fundamentos para vivir su vida, y
  comience a actuar hoy mismo. No analice demasiado
  la situación ni se paralice. Comience a tomar pasos

deliberados e intencionados para lograr vivir. Paz, dicha, propósitos y un entusiasmo por la vida seguirán a los que obedecen este mandamiento. Usted puede hacerlo. Por lo tanto, asiéntese, agrúpese, oriéntese hacia metas, aprenda a dar, y crezca. ¡Estará contento de haberlo hecho!

Segundo mandamiento

USARÁS
TU CEREBRO

Michelle y Russell eran apasionados. No podían recibir suficientemente el uno del otro. Habían encontrado a su respectivo compañero del alma, la concreción de sus más exuberantes fantasías. En cualquier momento se los podía ver abrazados besándose. Estaban enamorados. *Pero todos los demás les daban consejos.* Amigos y familiares insistían que aquellos dos no eran el uno para el otro. Michelle y Russell no tenían nada en común, solo se conocían hacía un mes y por lo tanto era muy pronto para un compromiso mutuo.

¿Le suena conocido? ¿Alguna vez se encontró diciéndose a sí mismo: «¿Por qué está ella con ese payaso?» O esta otra: «¡Lo creía a él más inteligente»! Muchos de nosotros hemos experimentado la frustración de observar a alguien a quien estimamos involucrado en una relación sin sentido. Aún peor, quizás usted mismo se encontró en medio de una relación impulsada nada más que por la pura emoción, solamente para darse cuenta más tarde que la misma estaba predestinada al fracaso desde su comienzo. ¿Cómo explica usted esta rara actividad? ¿A qué se atribuye esta conducta? *El culpable es el amor romántico.* En este capítulo le ayudaremos a distinguir entre *el amor romántico* y *el amor verdadero*.

También le hablaremos acerca de las tres fuerzas más importantes del amor romántico, y cómo algunas de las personas que vinieron hacia nosotros por consejería han sido absorbidas por el «vértigo del romance». Luego le enseñaremos cómo evitar caer en las trampas de los «verdaderos romances» estilo Hollywood usando su cerebro. *La clave es usar su mente en los asuntos del corazón.* Recuerde, su cerebro está localizado encima de su cuello, no en la caja torácica o debajo de su cinturón.

LA GRAN ILUSIÓN

¡Ah, el éxtasis del amor romántico! Nada puede ser mejor que la mágica experiencia de fijar sus ojos con los de la persona de sus sueños a través de un salón lleno de gente, enamorarse perdidamente y pasar el resto de su vida en matrimonial embeleso. Si usted no está familiarizado en este momento en cómo se desarrollan estas cosas, le sugerimos que se gratifique con algunas novelas románticas. De la misma manera, en las encantadoras telenovelas y las llorosas películas de Hollywood, el príncipe se enamora de la princesa, se casan y todos viven felices para siempre. Todo esto suena muy lindo.

Solamente hay un pequeño problema, esto es una ilusión. Esto no sucede en la vida real. Nunca sucedió. Nunca sucederá. Lo que estamos diciendo es que *el amor romántico tiene poco que ver con el verdadero amor.*

Seamos sinceros, como sociedad estamos confundidos acerca del amor. Constantemente estamos inundados con los mensajes acerca del amor que nos envían Hollywood, la televisión y otros medios de comunicación. Nuestra comprensión acerca del verdadero amor ha sido severamente distorsionada. Nos han engañado fácilmente al hacernos pensar que el amor es simplemente un sentimiento. Como dijo alguien: «Es sentir eso que nunca hemos sentido hacia otro». Si bien muy adentro de nosotros todos queremos creer el hermoso cuento del amor, tarde o temprano debemos enfrentarnos con la verdad. El verdadero amor no le «sucedió» simplemente a usted. El amor no es un simple sentimiento, es mucho más.

¿Qué es el verdadero amor? Esta es una de las grandes preguntas de la vida, y por siglos filósofos y teólogos trataron miles de maneras de definir el amor. Sin embargo, desde nuestra perspectiva, algunas de las definiciones de los tiempos antiguos superan con creces algunas de las actuales tonterías descritas en la cultura popular. La cultura griega estaba un paso más adelante que nosotros en la definición del amor. Ellos comprendían lo complejo del amor y también que necesitaban un vocabulario para luchar con esta complejidad. Los griegos no se contentaban con hablar del amor en términos tan vagos y generales como los que usamos en la actualidad. Por ejemplo, hacían una clara distinción entre *eros* (amor romántico) y *ágape* (amor verdadero o maduro).

De acuerdo con los griegos, *eros* es la apasionada forma del amor. Incluye todos los elementos de la atracción inicial y fase romántica de una relación: obsesión, misterio, atracción, excitación, pasión. Primeramente, la emoción anima a *eros*, interpretándolo bastante inestable. Por otra parte, *ágape* es una forma de amor demostrada por dos personas que se preocupan profundamente el uno por el otro y que mayormente están ocupados por el bienestar del otro. El *ágape* se refiere a una forma de amor madura y estable, sólida, perdurable, proveyendo un sentido de seguridad.

El amor romántico y el verdadero son dos condiciones distintas y separadas. El amor verdadero es la decisión de buscar el bien del otro, cueste lo que cueste. El *ágape* incluye educación, apoyo, aliento, aceptación y compañerismo. Cuando llega el momento de hablar de una perdurable relación, especialmente un matrimonio, el verdadero amor deja atrás las efímeras pasiones del romance. *Eros* está enfermizamente designado como el sustentador del peso de las tensiones de la vida. Necesitamos rechazar el desatino de basar un matrimonio en dicha pasión. Dando tiempo para que el *ágape* prospere, las parejas pueden construir un sólido fundamento de compromiso, aceptación y educación.

¿TIENE VALOR EL ROMANCE?

¿Hay algo valioso en el romance? ¡Por supuesto! No estamos en contra del romance y del amor apasionado. El romance es una parte normal, natural, de la mayoría de las relaciones saludables. Verdaderamente, yo (Sam) soy el primero en admitir que estaba como «tonto» cuando me enamoré de mi esposa. Sé lo que es la experiencia del éxtasis del tierno amor, sentir como si mi mundo diera vueltas alrededor de otra persona. Recuerdo el intenso impulso físico y emocional de querer pasar todo el tiempo posible con ella. He gozado cada minuto de la romántica fase en estos seis a nueve meses de nuestra relación. Pero este es justamente el punto: *el amor romántico era una fase, y no permitimos que dominase la relación. Finalmente llegamos a una clase más profunda de amor, una forma madura del amor, el verdadero amor.* El verdadero amor solamente puede comenzar a crecer o prosperar cuando disminuye el apasionamiento. Y solamente este tipo de amor puede sostener a la larga una relación matrimonial. ¿Significa esto que el romance ya no forma parte de nuestro matrimonio? ¡Por supuesto que no! Solamente significa que el romance y la pasión son uno de los aspectos que realza lo que poseemos, en lugar de funcionar como la base de nuestra relación. Todos nosotros apreciamos la excitación y la alegría que provienen al quedar atrapados en un amor romántico. Sin esta experiencia quizás hombres y mujeres no terminarían nunca el uno con el otro.

Sin embargo, ha llegado el momento de dejar de dar tanto crédito al amor romántico. *Eros* no puede ser una medida de compatibilidad. El amor romántico no nos dice nada acerca del carácter de uno, y es en extremo poco confiable como un método para determinar la viabilidad o salud de una relación. Por increíble que pueda parecer, cuando se trata de un noviazgo o matrimonio exitosos, ¡el amor romántico no necesariamente significa mucho!

Entonces, ¿que lugar posee en la experiencia del noviazgo? Creemos que el romance debe ser reconocido como lo que es: una introducción para alguien con quien se pudiera formar pareja.

Nos gusta pensar que es un pegamento temporal que nos da tiempo para evaluar a la persona con la cual estamos, para considerar las más importantes facetas de su carácter y compatibilidad. Lamentablemente, la mayoría de las personas no se aprovechan de esta valiosa oportunidad, y zumban jovialmente a lo largo de las olas de la pasión todo el tiempo hasta cometer serios errores. Las parejas deben hacer al principio un compromiso de balancear el romance con el sentido común, la razón, el juicio y el discernimiento. Usted debe usar su cabeza en cuestiones del corazón. Realmente, *cuando se trate de tomar decisiones acerca de las relaciones, ¡debería seguir más los dictados de su cabeza que los de su corazón!*

TRES IMPULSORES DEL AMOR ROMÁNTICO

Creemos que el amor romántico consiste en tres muy poderosos impulsores que pueden interferir con nuestra capacidad de usar el cerebro: *las emociones, las hormonas* y *las direcciones espirituales.* Cualquiera de estos impulsores por sí mismos o combinados pueden causar que se vuelva desorientado, desilusionado y hasta produce la baja de un centenar de puntos en su coeficiente de inteligencia en cuestión de segundos. ¿Qué ocurre cuando usted permite que estos impulsores dicten sus relaciones? Veremos a continuación historias de amor de la vida real y los resultados de desobedecer el mandamiento de usar su cerebro. Como podrá ver, las consecuencias pueden ser trágicas y de largo alcance.

1. El noviazgo impulsado por las emociones

Un día Carl conoció a Elaine por el «divino destino» en una fiesta de fin de año. Inmediatamente se enamoraron perdidamente y estaban juntos día y noche. Ella sintió que él era la pieza que le faltaba en su vida porque la hacía sentir muy completa. Igualmente, él sentía que ella era la mujer de su vida porque lo hacía sentir muy lleno de vida. Mirándose a los ojos, cada uno se comprometió con el otro, porque nadie les había hecho sentir de AQUELLA manera, un sentimiento que solamente podía describirse como extraterrenal. Tres meses después ellos danzaban embelesados por el pasillo de la capilla local de matrimonios para pronunciar los votos como marido y mujer.

Aquí fue donde se puso feo el asunto. Al poco tiempo de este tan apresurado compromiso, alguien le hizo las siguientes preguntas a Elaine. «¿Sabes algo respecto a su familia?» «¿Conoces tan siquiera su segundo nombre?» Elaine gorjeó alegremente: «No, pero eso no importa porque estamos enamorados». Elaine no sabía o no le importaba saber. Estaba contenta de confiar en sus emociones. El amigo trató de razonar con ella, pero Elaine no quiso escuchar. ¡Un año después Carl y Elaine se convirtieron en parte de las doscientas mil personas que se divorcian anualmente antes de su segundo aniversario de bodas! ¡Si solamente hubiesen desacelerado lo suficiente para descubrir la historia familiar de cada uno! Lamentablemente, ellos tomaron como cierto la mentira que los sentimientos románticos son iguales que el amor, y que estos sentimientos perduran para siempre. Las relaciones formadas sobre el emocionalismo pueden ser mortales.

2. El noviazgo impulsado por las hormonas

Nada interfiere más con la lógica y el sentido común que el impulso sexual. Por años nos hemos referido a esto como el «fenómeno del cambio del cerebro», que ocurre cuando usted se apasiona por alguien y comienza a intimar. He aquí como actúa: una vez que las hormonas se despiertan, el cerebro se desprende del cráneo y lentamente se mueve hacia abajo por el cuerpo, a través del cuello, hombros, pecho, estómago y finalmente, por debajo de la cintura. Este proceso toma veinte minutos en las mujeres y cerca de tres segundos en los hombres. ¡Pero una vez que sucede, es demasiado tarde! Usted está pensando y razonando con sus hormonas en lugar de con su cerebro.

Una noche Marshall llamó a la radio para confesar sus numerosos encuentros sexuales premaritales. Uno de esos encuentros fue con Sharon, de la cual se enamoró. Tuvieron una «profunda relación sexual», luego de la cual se casaron, pero una vez casados ella se enfrió sexualmente. Sharon perdió la tan promocionada «pasión romántica». Él se sintió defraudado y llegó a la conclusión de que ella usó las relaciones sexuales para atraerlo al matrimonio. No hace falta mencionar que sin la pasión y relaciones sexuales salvajes, la base de su relación se había destruido. No se puede edificar un matrimonio sobre hormonas y emociones; usted debe usar su cerebro.

Otro caso típico fue personificado por el caso de Sarah y Chris. Habían llevado tres meses de noviazgo cuando Chris decidió que él no podía seguir controlando su impulso sexual. Chris consultó a la Biblia en busca de respuesta. Y no le llevó mucho tiempo encontrar: «Pero si no tienen el don de continencia, cásense, pues mejor es casarse que estarse quemando» (1 Corintios 7.9). Por lo tanto, se unieron con la base irreal de la «santa» satisfacción de sus urgencias sexuales. Luego de cinco miserables años y dos chicos más tarde, decidieron divorciarse porque simplemente no habían usado sus cerebros cuando eran novios. Ahora, dos niños crecen en un hogar de un solo padre y cuatro personas experimentan las repercusiones de un acto egoísta y descabezado.

3. El noviazgo impulsado por el Espíritu

No hay nada tan peligroso como hombres y mujeres profundamente «religiosos» que espiritualizan su noviazgo. Nosotros llamamos a esto «noviazgo impulsado espiritualmente». Incontables personas escuchan las «voces de lo Alto» en vez de escuchar al sentido común. En realidad, esto no es verdaderamente espiritual dado que lo espiritualmente verdadero es saludable. «El noviazgo impulsado espiritualmente» es en realidad hiperespiritual o seudoespiritual. Las historias siguientes así lo demuestran.

Cuando Justin y Lauren comenzaron a salir como novios, todos se preguntaron cómo había podido encontrar este muchacho a una chica tan justa. Pronto nos enteramos de que Justin había usado la línea «Dios me dijo que me casara contigo» para conseguirla. Justin, un hombre radicalmente religioso, se encontró con Lauren en un estudio bíblico para solteros. En un momento «inspirado por el espíritu», Justin se acercó a Lauren y le dijo que Dios le había revelado que ellos debían casarse. Lauren reaccionó sobresaltada y nerviosa. Ella acompañó a Justin en su ofrecimiento de oración y ayuno para la semana siguiente.

Ella se casó seis meses más tarde con Justin, en contra de los deseos de sus familiares y amigos. Desde el primer día estuvieron peleando y discutiendo por cualquier cosa. Poseían en común su relación con Dios, pero eran incompatibles en cualquier otro aspecto. Finalmente, después de años de consejería matrimonial, Justin tuvo una aventura amorosa y su «espiritualmente dirigido» romance terminó en amargo divorcio.

Si usted depende solamente de sus impulsos espirituales y falla en usar su cerebro, puede fácilmente terminar en una situación similar. Hay tantas invitaciones de casamiento en las cuales se lee: «Guiados por el Espíritu de Dios, Annie y Bille le invitan a asistir...» pero *debería* leerse: «Habiendo espiritualizado sus emociones e impulsos sexuales, Annie y Bill le invitan a asistir...» Sin ninguna duda, este es uno de los malos usos más comunes de la espiritualidad. Si Dios está guiando a uno de ustedes, entonces Él guiará a ambos. No permita que ningún otro interprete la dirección de Dios para su vida.

¿Significa esto que estamos en contra de la espiritualidad en el noviazgo y al tomar decisiones importantes? ¡De ninguna manera! En realidad, nosotros apoyamos firmemente a las parejas que buscan la dirección de Dios para el matrimonio. La diferencia radica en una vida espiritual verdadera y saludable en vez de una manipulación seudoespiritual. Dios nos dio nuestras mentes por una razón, y el uso de sentido común es indispensable cuando se toman decisiones piadosas.

¿Se da cuenta usted lo que le ocurre a los hombres y a las mujeres cuando ellos permiten ser guiados por sus emociones, sus pasiones sexuales o voces celestiales? Corazones rotos, sueños quebrados, niños en el medio. Esta no tiene porqué ser su propia historia. Puede tomar el compromiso de ahora en adelante de usar su cerebro durante su noviazgo.

EL CEREBRO ES ALGO TREMENDO COMO PARA DESPERDICIARLO

Hemos destacado cinco pasos que usted puede adoptar para promover al máximo el uso de su cerebro:

1. Mantenga un equilibrio entre la mente y el corazón.

2. Absténgase de la intimidad física.

3. Analice sus relaciones pasadas.

4. Incluya a otros en el proceso.

5. Nunca descuide las oportunidades de efectuar evaluaciones.

Si usted puede tomar el compromiso de adoptar estos cinco pasos, irá por el buen camino de usar su cerebro, y no solamente sus emociones, sus hormonas y su espiritualidad.

1. Mantenga un equilibrio entre la mente y el corazón

Nosotros no estamos contra el romance, la pasión o la oración. A esta altura usted ya estará cansado de esta negación, pero queremos no ser malinterpretados. La verdad simplemente es que en algún momento durante el proceso de su noviazgo usted tendrá que apartar a estas tres y usar su cerebro. Yo (Ben) recuerdo una relación de noviazgo en particular en donde me senté una tarde, saqué una hoja de papel y comencé a hacer una lista de todos los pro y contra de esa relación. Yo sabía que en el plano emocional y físico teníamos todo lo necesario, la intangible química, pero aún tenía que analizar el panorama total. Por supuesto, pude haberme dejado atrapar por el romance, pero previamente había adoptado una decisión muy concisa de no dejarme llevar esta vez por mis sentimientos. Así como el ingerir una dieta balanceada y vivir una vida balanceada tendrán un efecto positivo sobre todo lo que realice, así será también el efecto sobre su noviazgo cuando mantenga un equilibrio entre el corazón y la mente.

2. Absténgase de intimidades físicas

Si usted ha estado sexualmente activo en el pasado, esto le parecerá una locura y pueda que al principio le sea difícil de lograr, pero a la larga estará muy contento de haberlo hecho. Creemos que existe una correlación directamente negativa entre el nivel o intensidad del contacto físico y la capacidad de usar su cerebro. ¿Cómo abstenerse de ir demasiado lejos en su relación? Comience despacio. La idea no es de promulgar alguna ley legalista o expresar alguna fórmula mágica, sino más bien la meta de hacer lo mejor para las relaciones del noviazgo. Después de escuchar por años cientos y cientos de historias de éxitos y de fracasos, recomendamos calurosamente estos firmes lineamientos.

No se tome de las manos, bese o abrace en la primera cita, ni aun en la segunda, tercera o cuarta. ¿De veras? *De veras.* Cuanto más logre abstenerse del contacto físico, más especial será cuando finalmente suceda. Además esto le permitirá cimentar una sólida amistad en las primeras etapas de la relación. Una vez que usted comienza a ser físicamente afectuoso y especialmente una vez que comienza con lo sexual, la parte de la amistad en su relación sufre y a veces se deshace. Los aspectos afectuosos y sexuales comenzarán a dominarlo y usted no se seguirá molestando en edificar la intimidad emocional necesaria para una relación duradera.

Bart y Jennifer son dos cristianos comprometidos, pero cuando se conocieron y comenzaron a salir juntos, experimentaron el típico «fenómeno del cambio de la mente». En lugar de esperar un tiempo, Bart y Jennifer se zambulleron en la primera cita, besándose como locos. Al final del primer mes, ellos estaban exhaustos físicamente, luchando con un presuroso círculo de pasión, arrepentimiento, y nuevamente pasión. Si bien se comprometieron, finalmente las tensiones del compromiso lograron lo que el noviazgo no pudo: revelar cuán incompatibles eran ellos cuando sus cerebros volvieron a su cauce normal. Una amarga rotura de relaciones fue el desenlace.

3. Analice sus relaciones pasadas

Nada le ayudará más a aprender acerca de la solidez de sus relaciones, áreas de crecimiento, y particularmente de los no saludables patrones de conducta que parecen repetirse, que hacer un inventario de sus pasadas relaciones. Durante la temporada de fútbol, después de cada partido, los jugadores de la secundaria, de la universidad y los profesionales se agrupan alrededor de los proyectores para observar películas de cada encuentro. Los entrenadores arrancan y paran la película una y otra vez, para hacer las críticas a cada jugada. Ellos recurren frecuentemente a este aburrido y doloroso proceso para hacer resaltar lo que estuvo bien, de manera que los jugadores puedan aprender de sus éxitos. También recurren a las películas de los encuentros por una razón más crucial: señalar los errores y los ajustes necesarios para el próximo encuentro.

Piense acerca del análisis de sus anteriores relaciones como si estuviese viendo la película de un juego. Hágase preguntas generales acerca de la relación: ¿Cómo nos conocimos? ¿Qué hicimos bien? ¿Qué fue lo bueno de esta relación? Haga también preguntas más específicas acerca de sus ex-parejas: ¿A qué tipo de personas trato de agradar? ¿Cuáles son sus características positivas y negativas? ¿Qué tipo de comunicadores fueron? ¿Cómo me trataron? Luego, formúlese estas duras preguntas: ¿Por qué rompimos nuestras relaciones? ¿Tuve yo la culpa o simplemente nos fuimos alejando a la deriva? ¿Cuáles son algunas de las cosas sobre las que tengo que trabajar? ¿Estuvimos demasiado relacionados físicamente? ¿En qué forma afectó ese aspecto a nuestra relación? ¿Me dejé llevar por el embeleso emocional de estar enamorado e ignoré las señales de advertencia que no debía haber pasado por alto?

Incluya *todas* sus relaciones y compárelas, buscando distintos patrones. Para el máximo beneficio, asegúrese también de escribir sus pensamientos, luego agregue sus respuestas y analice los resultados. Usted está tratando de formarse una idea de sus costumbres durante un noviazgo, y así evitar errores en su futuras relaciones.

Demasiadas veces la gente falla al no tomarse el tiempo necesario para hacer una crítica y *honesta* evaluación. Tratamos semanalmente con personas que han tenido recientes rompimientos de relaciones y destroza el corazón escuchar sus historias. Pero lo que nunca nos deja de asombrar es que muchas de las personas que han quedado nuevamente solas tienen dificultad en aceptar su responsabilidad en los problemas de la relación. Siempre nos alegramos cuando escuchamos a alguien aceptar su parte de responsabilidad en ese rompimiento de relaciones.

Cuando usted no aprende de lo bueno y lo malo de su pasado, no crece. Mucha gente comete los mismos errores de una relación una y otra vez debido a que nunca se toman el tiempo de analizar qué fracasó y cuál fue su parte en las dificultades. Hágase preguntas duras. Hable con un amigo de confianza o con un consejero. Haga lo que haga, mire en su espejo retrovisor y aprenda del pasado.

4. Incluya a otros en el proceso

Roberto se pudo haber ahorrado años de penas y de sufrimientos en el corazón, si solamente hubiese escuchado a su familia y a sus amigos íntimos. Estuvo envuelto en una relación con una joven por dos años sin llegar absolutamente a ninguna parte. Ellos tenían poco en común. Se peleaban por cosas triviales. Él no era sensible a las necesidades de ella. Y, lo más importante, no existía una dicha y felicidad verdaderas cuando estaban juntos, no obstante él trataba de mantener esa relación. Hacía tiempo que sus amigos le habían aconsejado salir de esto, pero él no escuchó.

Finalmente un día, mientras estaba comiendo con un amigo, el amigo le preguntó a boca de jarro si él estaba enamorado. Roberto contestó: «No lo sé». Su amigo fue derecho al grano y le pidió que terminase con esa relación. Esta sesión de «consejería» sirvió como un catalizador para terminar con esa relación. Años más tarde Roberto sigue agradecido con ese amigo por salvar su vida y la de esa muchacha.

Es imprescindible que uno reciba comentarios de un amigo, mentor o familiar. Cuando usted mantiene una relación, es fácil dejarse llevar por sus emociones de estar enamorado y sentirse maravillosamente bien haciendo caso omiso a las banderas rojas de advertencia. Le sugerimos realmente que tenga por lo menos dos personas de «vigías» mientras esté involucrado en una relación seria. Roberto comenzó una relación que debiera haber durado solamente seis meses, pero simplemente se negó a escuchar los consejos de otros. Desperdició un montón de tiempo, de energía y de dinero debido a que no incluyó a otras personas en el proceso de evaluación.

Si usted vive la vida y está dentro de un grupo de amigos firmes y confiables, entonces sería lo más natural involucrarlos en el proceso. Una de las figuras religiosas más famosas de la historia, el fundador de la iglesia Metodista, John Wesley, estaba relacionado con un pequeño grupo de hombres en Inglaterra llamado Holiness Club (Club de la santidad), ¡vaya nombre para un club! El grupo se unió en un pacto de no casarse con nadie si no contaba con la aprobación de cada uno de los miembros del club. John Wesley eligió a una mujer en contra del consejo de los mismos y terminó teniendo un horrible matrimonio. Luego de décadas de conflicto y contiendas, su esposa lo dejó. El amor puede hacer locuras con una persona, aun con alguien tan recto y sabio como John Wesley.

No deje a un lado las observaciones de amigos, familiares y de los compinches del «club de la santidad». Escúchelos y sopese sus consejos. Considere lo que le digo, esto le ahorrará muchas penas y sufrimientos. Hemos oído gemir y quejarse a hombres y mujeres cuando recuerdan sus noviazgos. «Si solamente hubiese escuchado a mi compañero de cuarto». «Si solamente hubiese escuchado a mi familia». Usted no tiene porqué vivir en los «si solamente» del mundo de las lamentaciones. Incluya a otros en el proceso de su noviazgo y no lamentará las decisiones que adopte.

5. Nunca descuide las oportunidades de efectuar evaluaciones

Una de las partes más descuidadas de una relación es la evaluación. Una vez que usted incluya a otros en el proceso de análisis, tendrá tiempo para pensar acerca de sus palabras de cautela o de afirmación y compararlas con lo que usted cree que es la verdad. Debido a que muchas personas permiten que sus hormonas, sus emociones o sus «místicas intuiciones» sean sus guías, raras veces se toman su tiempo para sentarse en un momento de calma y pensar simplemente en lo que está sucediendo. Concedido, puede que usted sienta que se dañará la emoción de estar enamorado si comienza a analizar demasiado, y esto parcialmente es cierto. Usted no quiere desarrollar una «parálisis del análisis» pero sigue necesitando tomarse un tiempo para evaluar. Al fin y al cabo, todos nosotros pasamos por el momento de apasionamiento en el noviazgo. Usted conoce esa fase, sonríe de oreja a oreja pero se encuentra totalmente ciego acerca de los defectos de su pareja. Una vez que usted deja atrás este período, el cual generalmente puede durar entre tres a nueve meses, dependiendo cuánto funcionan sus capacidades de negación, hágase estas oportunas preguntas:

- ¿Me es grata esta persona como amiga?

- ¿Hay un sentimiento mutuo de dar y compartir?

- ¿Hay algún aspecto de su vida o su personalidad que yo no pueda tolerar?

- ¿Puedo tener gozo compartiendo mi tiempo con esta persona si nos abstenemos del contacto físico?

- ¿Me siento estimulado, apoyado y requerido por esta persona?

- ¿De qué manera nos beneficiamos mutuamente?

- ¿De qué manera nos herimos mutuamente?

- ¿Tiene mal carácter o una excesiva acumulación de cosas hirientes? (Se refiere al capítulo 9: «No ignorarás las señales de advertencia».)

Use estas y otras preguntas para ver cómo van las relaciones. De la misma manera en que lleva su automóvil para una inspección de rutina, hágalo con su noviazgo. Pueda que sea doloroso hacerlo, pero el no hacerlo es aún más doloroso y costoso.

¿Se da cuenta usted de lo imperativo que es utilizar su cerebro? Déjese llevar por la corriente de sus emociones y le esperará una gran pena. Utilice su cerebro y cambie a una forma más madura de amar y construirá un fundamento que puede apuntalar un matrimonio dinámico de por vida. Aprecie la pasión de un romántico amor por lo que es, pero luego diríjase hacia la madurez y utilice el cerebro. Después de todo, la elección de su pareja es una de las más importantes decisiones de toda su vida.

CONSECUENCIAS POR DESOBEDECER este mandamiento

- Usted se sentirá desilusionado y defraudado cuando un día despierte y descubra en su pareja importantes defectos de su carácter.

- Usted se sentirá abandonado por Dios debido a que Él «le permitió» entrar en esa relación.

- Usted se sentirá molesto, avergonzado y tonto por no haber visto lo que pasaba desde un principio.

- Usted habrá gastado su tiempo, su energía, sus emociones y su dinero en alguien que tendría que haber reconocido en su primera cita.

BENEFICIOS POR OBEDECER este mandamiento

- Usted será capaz de tomar sabias decisiones de amor a medida que su relación madure.

- Usted será capaz de reconocer más fácilmente parejas peligrosas para el noviazgo y relaciones perdedoras.

- Usted evitará repetir los errores que cometió en relaciones previas.

- Usted será capaz de distinguir entre cualidades esenciales de carácter y los menos importantes rasgos físicos y de personalidad.

ayuda para usted que ha desobedecido este mandamiento

- Reconozca que usted es un adicto emocional, hormonal y espiritual. (Vamos, reconózcalo. Todos nosotros lo fuimos una vez.)

- Haga ahora el compromiso de usar la cabeza en asuntos del corazón.

- Resuelva aplicar los cinco pasos anteriormente señalados para mantener un equilibrio entre la mente y el corazón, abstenerse de intimidades físicas en los primeros niveles de la relación, analizar sus relaciones pasadas, incluir a otros en el proceso y nunca descuidar las oportunidades de evaluar sobre la marcha.

Tercer mandamiento

te unirás
en yugo igual

En la película *Grease* [Grasa], Danny Zuko (John Travolta) un muchacho rebelde del otro lado de las vías, se enamora de Sandy (Olivia Newton John), una rubia preciosa de pura y limpia imagen. La pareja no posee virtualmente nada en común. Él es del lado pobre de la ciudad y ella es del lado rico. Él es un miembro de una banda, vestido con chaqueta de cuero, que tiene citas con mujeres perdidas y ella es una encantadora animadora de equipo que tiene citas con el defensor del equipo de fútbol. Él es un pillo de las calles y ella es Miss Encanto. La única cosa que Danny y Sandy tienen en común es su atracción al rojo vivo el uno por el otro. En pocas palabras, se enamoraron y se hicieron algunos mutuos compromisos. Ella se vistió con una chaqueta de cuero negra y él comenzó a frecuentar el equipo de fútbol. Ellos se unieron en la fiesta de fin de año del colegio, y todo el grupo comenzó a bailar, cantar y divertirse mientras el desigual dúo se iba del brazo hacia el sol poniente.

La relación de «la atracción de lo opuesto» tiene gran éxito en la pantalla grande pero en la realidad es extremadamente difícil desarrollarla. ¡Desgraciadamente, en la actualidad muchas personas buscan una relación tipo «atracción de lo opuesto» con la ilusión que este es un buen camino para una unión duradera! Y muchos que quedaron atrapados en esta mentira sufren consecuencias dolorosas. Aunque es cierto que lo opuesto atrae a veces, esta atracción generalmente no soporta las dificultades de la verdadera vida y sus compromisos. La verdad es que las relaciones y matrimonios más saludables son aquellos donde existen un montón de similitudes entre la pareja. Es decir, los mejores matrimonios provienen de relaciones en las cuales las similitudes son mucho más que las diferencias.

En su libro, *Are We Compatible?* [¿Somos compatibles?], C. E. Rollins manifiesta que los matrimonios más saludables son aquellos en los cuales existe un «fuerte fundamento de similitudes con respecto a sus antecedentes, temperamentos, metas, sueños, valores y en la forma en que cada individuo maneja y ordena su vida mental y física».[1] Rollins cita una reciente encuesta de Gallup indicando que el cuarenta y siete por ciento de los matrimonios de la actualidad terminan con «incompatibilidad mutua» como razón de la disolución de la relación. En otras palabras, una falta de similitudes entre la pareja es uno de los factores más fuertes que contribuyen al divorcio.

Al dar consejería y trabajar con muchas parejas, hemos descubierto que existen ciertos tipos de relaciones que están condenadas al fracaso desde el principio. Las llamamos relaciones de yugo desigual («RYD»). Este capítulo expondrá cinco de las más comunes «RYD» y luego mostrará qué debe buscar usted para establecer una relación de yugo igual («RYI»).

«RELACIONES DE YUGO DESIGUAL»

Hay en la Biblia un pasaje que exhorta a los cristianos a no unirse en yugo desigual con los no cristianos. Un yugo era un fuerte trozo de madera puesto alrededor del cuello de los bueyes y conectado a un arado. El truco consistía en uncir (o enyugar) a dos bueyes de la misma fuerza para que pudiesen tirar parejo el

---

1. C. E. Rollins, *Are We Compatible?* [¿Somos compatibles?], Thomas Nelson, Nashville, TN, 1998, p. 1.

arado en línea recta. Los bueyes uncidos en forma desigual solamente iban a moverse en círculos porque eran incompatibles. La Biblia usa esa metáfora para prevenir de los peligros de los creyentes «uncidos» a no creyentes, dos personas que a la larga se mueven en direcciones opuestas. En un enfoque similar, nosotros intentamos prevenirlo de los peligros de salir con alguien que tenga profundas diferencias con usted. Lo que sigue es un resumen de las cinco más prevalecientes (y peligrosas) relaciones «uncidas» desigualmente.

1. La relación misionera

Cindy trabaja de día y es misionera de noche. Solo que su campo misionero no es la profunda y oscura jungla africana sino más bien los oscuros clubes nocturnos situados en muchas partes de su ciudad. Descontenta con las «aburridas sesiones» y las «insulsas comidas campestres» del grupo de solteros de su iglesia, ella se aventuró en el ambiente lleno de problemas de los bares de la gran ciudad. Cindy es una misionera que ha dejado de interesarse en los cristianos a su alrededor y está en la búsqueda «del hombre especial» fuera de la fe. Su errónea presunción es que todos los buenos cristianos ya están en buenas manos, por lo tanto ella debe buscar el potencial en bruto dentro de los locales de niveles bajos con la esperanza de convertirlos finalmente a la fe. Consideramos a Cindy una compañera misionera «activa», dado que ella está dispuesta a salir con cualquiera que reúna sus superficiales requerimientos (rico, buen mozo, etc.,) sin tomar en cuenta sus creencias espirituales o religiosas.

Mientras que Cindy representa a la compañera misionera «activa», existe también la compañera misionera «pasiva». Esta persona es una de las que ya están involucradas en una relación de noviazgo o tienen la tendencia a flotar en una relación en la cual no existe absolutamente ninguna compatibilidad espiritual. En lugar de terminar con esa relación, ella se aferra a la justificación de su necesidad de permanecer en ella para traer a la otra persona a la fe. El enfoque luego se concentra en lograr que esta persona salte por encima de las distintas vallas religiosas y entre en el sistema creyente. Por supuesto que el objetivo final es llevarlo a que «diga las oraciones». Las mujeres son especialmente vulnerables a este tipo de relaciones dado que los hombres harán cualquier cosa (¡sí, cualquier cosa!) para impresionar a una mujer. Si un hombre tiene que caminar por el pasillo de una iglesia, ser bautizado, hablar en lenguas, ladrar, reír o hasta lamer la pelusa del ombligo de Buda, él lo hará solamente para mantener a la chica. Muchos de ustedes se preguntarán: ¿«Son todos los hombres tan tolerantes y engañadores»? La respuesta es sí.

Las relaciones misioneras vienen en todos los tipos y medidas. Sin embargo, *el común denominador es la necesidad de justificar la relación con fundamentos evangelísticos.* La «lógica» detrás de este acercamiento nos molesta. Para los principiantes, ¡qué absurdo es pensar que usted puede establecer una unión saludable con alguien con la base de un programa oculto! ¿No le suena a usted ligeramente deshonesto e incorrecto defraudar a una persona de esta manera? No es de sorprenderse entonces que luego de aferrarse a esas relaciones sin salida, resulta aún más difícil terminar con ellas. El enfoque principal es que cuando existe una incompatibilidad religiosa o espiritual, absténgase. Es demasiado difícil juzgar la sinceridad de una búsqueda espiritual cuando están involucradas las emociones del amor y el romance. Las relaciones misioneras simplemente no funcionan.

Doug era un líder de iglesia con una alegre fe en Cristo. En su trabajo conoció a una chica atractiva llamada Katy. Ella llenaba de muchas maneras la lista de sus requisitos, pero rechazaba a Cristo. Inicialmente Doug no tuvo la intención de salir con ella, pero al trabajar juntos en proyectos, unido a sus personalidades extrovertidas hizo que compartieran temas profundos de sus vidas. La química estaba presente, por lo cual Doug y Katy comenzaron a salir juntos. Los miembros y líderes de la iglesia lo llamaron para que reflexionara, pero Doug rechazó sus cuestionamientos. Esto era diferente... ella era muy íntima... él no estaba realmente «uncido» a ella...

Katy escuchó claramente cuando él le dijo que no podía casarse con una no creyente, pero a él le gustaba tanto que no le importó. Ella se imaginó que todo se iba a resolver por sí solo. Lo mismo hizo Doug. Meses después, estudiando una mañana la Biblia, Doug sintió una clara convicción de que él estaba en una relación de yugo desigual. Se lo comentó a Katy, la cual quedó completamente destrozada. Él se sintió desdichado durante meses. Ella se volvió completamente contra el cristianismo, porque el cristiano al cual quería había permanecido junto a ella por meses antes de ser obediente.

2. La «relación Madre Teresa»

El año 1997 fue escenario de la muerte de una de las más respetadas y santas mujeres de todos los tiempos, la Madre Teresa. Sus estatutos misioneros eran simples: amar y consolar a los enfermos y moribundos de las calles de Calcuta. Todos los años se encontraba en la lista de las mujeres más admiradas del mundo. Lamentablemente muchas mujeres han adoptado estas reglas de misión para sus vidas amorosas. Unen sus vidas a hombres que están emocionalmente «enfermos y moribundos» e incapaces de dar algo en reciprocidad. Contra todos los vaticinios, ellas intentan amar, consolar y cuidar a sus amantes en un esfuerzo por llevarlos de vuelta a la salud emocional. Esto es lo que llamamos una «relación Madre Teresa»: una persona bien intencionada se aferra a una persona que es emocionalmente enferma y necesitada.

El verdadero fundamento de este tipo de relaciones descansa sobre la dinámica del cuidado: una parte de la pareja es la enfermera y la otra el paciente. Con frecuencia, la única similitud entre la pareja es el acuerdo mutuo de permanecer en este tipo de relación enfermiza. Los sicólogos se refieren frecuentemente a esto como a una relación de codependencia, la cual se caracteriza por el hecho de que un miembro de la pareja intenta cuidar, controlar o cambiar a la otra parte. Esta conducta solamente estimula o exacerba el problema, y así es extremadamente difícil que «el enfermo» se cure. Y en la inusual circunstancia en que como la Madre Teresa, tuviera éxito en su esquema de rehabilitación, entonces ella misma se ha quitado del medio, ¡ya no es necesaria!

Jan es un caso clásico de alguien que continuamente cae en la «relación de la Madre Teresa». Jan se enamoró de un muchacho buen mozo el cual nunca le demostró un afecto físico. Luego de meses de pensar que esto iba a cambiar, ella finalmente enfrentó a David con este problema. Él de mala gana le reveló que era un homosexual en vías de curación y no estaba cómodo expresando esta clase de afecto. Desafortunadamente Jan no vio en esto una bandera roja de advertencia y finalmente se casó con David. Luego de dos años de matrimonio, David se escapó con otro hombre. Jan estaba conmocionada e incrédula, porque ella pensó que a través de su noviazgo y matrimonio ella podía curarlo con su amor.

Podríamos citar caso tras caso de individuos cuyas vidas fueron cambiadas porque sinceramente creyeron que podían curar a drogadictos, alcohólicos o adictos sexuales. Luego de haber sido advertida de los peligros de esta clase de relaciones, un mal interpretado tipo de Madre Teresa dijo: «Tengo suficiente amor para los dos».

Si usted tiene la tendencia de atraer y de relacionarse con gente necesitada para «amarlos» hasta curarlos, entonces usted necesita preguntarse por qué. ¿Por qué se siente atraída por los enfermos y moribundos? ¿Por qué tiene usted esa insaciable necesidad de ser necesitada? ¿Por qué cree usted que posee la capacidad de cambiar a esa persona? Usted debe ser en su relación una pareja en igualdad de condiciones y no un siquiatra, un padre sustituto, una misionera o una enfermera. Las «relaciones tipo Madre Teresa» pueden parecer muy excitantes y retadoras al principio, pero, luego de inútiles intentos por rehabilitar al compañero o compañera enferma, generalmente termina en una desilusión. Si esta descripción concuerda con usted, entonces necesita efectuar trabajos de reacondicionamiento en el primer mandamiento: ¡Vivirás tu vida!

3. *La relación exótica*

Cuando se unen dos personas de diferentes antecedentes étnicos o culturales el resultado es una relación exótica. Gina, una mujer de negocios de alto nivel de una compañía internacional de computadoras, asistió un fin de semana a un seminario de negocios en la Florida. Fue allí donde se encontró y se enamoró de un exitoso empresario venezolano llamado Juan. Para Gina, era como un Antonio Banderas. Ella se sintió atraída por su acento, diferencias culturales y porte misterioso. Tras comprometerse ambos a verse exclusivamente, mantuvieron una relación de larga distancia por casi diez meses. Luego de numerosas facturas telefónicas de quinientos dólares, cartas, correo electrónico y hasta unos cuantos viajes de ida y vuelta para encontrarse, Gina se despertó una mañana y se dio cuenta de que estaba cometiendo un gran error. Luego de una cuidadosa inspección de su alma, llegó a la conclusión de que no estaba enamorada de Juan, más bien estaba enamorada de la idea de mantener un noviazgo con alguien de un país diferente.

La relación estaba basada en el misterio y la fascinación de estar con alguien completamente distinto en muchas formas.

Seguro, las relaciones exóticas son excitantes y llenas de aventura, pero son extremadamente poco prácticas. Bajo las mejores circunstancias posibles, el noviazgo y el matrimonio son difíciles y retadores. Pero cuando usted añade la exótica carta de mezclar diferentes antecedentes culturales y étnicos, entonces simplemente se está buscando problemas. Antes de que usted invierta su tiempo, energías y dinero en una relación exótica, considere el hecho de que las probabilidades de que este tipo de relación prospere es de «Juan en un millón».

4. La relación «viejo rico-mujer joven»

El sello de una relación «viejo rico-mujer joven» es la marcada diferencia de edad entre las parejas. Si usted se sorprende a sí mismo diciendo: «Sí, señor» a su pareja, entonces puede ser que esté en una relación «viejo rico-mujer joven». Si su mentor es Anna Nicole Smith, puede ser que esté en una relación «viejo rico-mujer joven». Si su pareja sigue contándole historias acerca de los «buenos viejos tiempos» de los años cincuenta, entonces puede ser que esté en una relación «viejo rico-mujer joven».

Estos tipos de personas generalmente buscan una compensación por sus necesidades emocionales insatisfechas, o esperan que su pareja, de alguna forma, reemplace a mamá o a papá. Sin tomar en cuenta las razones sicológicas que se encuentran detrás de este fenómeno, en la mayoría de los casos esta sustancial brecha de edades representa una relación de yugo desigual. Francamente, existen demasiadas barreras que deben ser tenidas en cuenta para superar este tipo de relaciones. ¡Ya cuesta bastante esfuerzo solamente mantener una relación saludable entre parejas de la misma generación!

Cuando damos conferencias sobre este tema, inevitablemente alguien formula la pregunta: «¿Cuántos años de diferencia son una brecha de edades considerable?» No hay un número mágico, pero si usted nos presiona diríamos que diez años es considerable. Por supuesto que esto se aplica a solteros debajo de los cuarenta, porque de alguna manera una vez que pasamos por varias etapas de la vida y entramos en la mitad del período adulto, nuestro nivel de madurez se empareja (en teoría). En consecuencia, existe una gran diferencia entre un noviazgo de uno de treinta años con otro de veinte años a un noviazgo de uno de cincuenta años con otro de cuarenta y ocho. Por favor no se quede enganchado con estos números, ellos no son más que puntos de referencia generales. La cuestión es que estar de novio con alguien demasiado joven o demasiado viejo no es necesariamente «indecente», es solamente extremadamente difícil de manejar.

Relaciones «viejo rico-mujer joven» proveen un sentimiento de seguridad emocional o financiera al inicio de la relación, pero con el tiempo tropiezan con varios obstáculos de incompatibilidad. Los niveles de energía pueden ser drásticamente diferentes. Los gustos acerca de la búsqueda recreacional frecuentemente varían. Puntos de conexión tales como películas, sucesos históricos, música y tendencias pasadas también serán diferentes. Estas cosas pueden parecer triviales, pero son importantes cuando usted está buscando construir un vínculo lo suficientemente fuerte como para sobrevivir las tormentas del matrimonio.

5. La «relación Dennis Rodman»

Lo quiera o no, la superestrella del baloncesto Dennis Rodman se ha transformado en una imagen cultural y antihéroe para muchos jóvenes aspirantes del país. Rodman es famoso, o no famoso, dependiendo de la perspectiva, por teñir su cabello en una multitud de colores (incluyendo el fucsia), patear a un camarógrafo, tatuarse prácticamente cada centímetro de su cuerpo y vestirse frecuentemente como una mujer, con vestido, tacones, maquillaje, etc. Es verdaderamente un rebelde sin causa.

Quizás usted nunca se tiñó el cabello de verde lima, le dio por perforarse el cuerpo, o estuvo una noche junto a Madonna, pero sin embargo puede haber estado en una relación estilo «Rodman». La esencia de este tipo de relación es la necesidad de salir con alguien por pura rebelión. Los del tipo de relaciones estilo «Rodman» eligen una pareja que es exactamente lo contrario de lo que sus familias quieren para ellos. Digamos que usted se crió en un hogar cristiano tradicional, conservador, donde imperaba un fuerte énfasis en el prestigio o en la seguridad financiera. Sin embargo, si usted generalmente se encuentra con parejas liberales, y con tipos irreligiosos sin dinero, usted es un reiterativo tipo de novio «Rodman».

Ana se crió en una familia de clase media alta que poseía un nombre respetable en la comunidad. La menor de seis hijos, ella fue constantemente protegida, sin permitírsele nunca tomar sus propias decisiones o hacer cosas por sí misma. No es de extrañarse que, semanas después de graduarse, se enredó en una relación «Rodman». Comenzó a salir con un muchacho de otro país que tenía antecedentes criminales. Esto enfureció a sus padres y desconcertó a sus amigos íntimos, los cuales le dieron consejos que ella no escuchó.

Relaciones como las de Ana no son raras. La mayoría de las veces las personas como ella no están enamoradas de sus parejas, pero sí enojadas con sus padres o tratando de definirse a sí mismos como una forma de establecer un sentido de autonomía e independencia. Nosotros creemos que existen formas más constructivas de lidiar con el enojo o establecer una independencia que tomar el mismo camino de Rodman. Evítese la pena, el dolor y la vergüenza manteniéndose alejado de todo tipo de relaciones estilo «Rodman».

Todo un libro puede ser escrito acerca de las relaciones de yugo desigual que están condenadas al fracaso. Creemos que usted entendió la esencia del asunto, por lo cual nos vamos ahora a las relaciones de yugo igual porque estas son relaciones que sí funcionan.

«LAS RELACIONES DE YUGO IGUAL»

Por definición, una relación es la conexión entre dos personas. Por lo tanto, para tener una exitosa relación con el sexo opuesto, usted tiene que estar conectado en varios niveles. Esto es lo que llamamos «RYI», relaciones de yugo igual. Indudablemente usted ha estado en relaciones donde existe una conexión parcial en que usted está conectado en uno o dos niveles, pero siente que algo falta.

Esto no significa que usted está saliendo con una persona que no le conviene. Simplemente significa que usted está en relaciones con alguien donde casi todo está bien, pero en algún nivel usted no está unido con su pareja. Entonces, usted se golpea la cabeza contra la pared y se patea a sí mismo porque no puede imaginarse qué está mal. Deje de golpearse la cabeza y relájese. Lo más probable es que usted se encuentra en una relación donde existe una compatibilidad parcial. Queremos demostrarle que para estar unido verdaderamente con otra persona, usted tiene que conectarse en tres niveles: *espiritual, físico y social.*

1. La conexión espiritual

Si usted no puede conectarse a su pareja en un nivel espiritual, su relación está predestinada al fracaso. Lo que usted cree acerca de Dios, cómo ora, dónde adora, que festividades celebra, qué libros considera sagrados y su opinión acerca del bautismo son solamente algunos componentes que caracterizan su sistema de creencias espirituales. Cuando usted no está totalmente de

acuerdo con su pareja en estos aspectos, entonces está comprometiendo algo que se encuentra profundamente arraigado en
usted. Su espiritualidad y la forma de expresarla es su parte más
intensa e íntima.

Recientemente yo (Ben), presencié un concierto en el
House of Blues de Los Angeles. Encima del escenario se encontraba un gran letrero que decía: «Todo es uno». A cada lado del
lema se veían diferentes símbolos religiosos representando al
judaísmo, al cristianismo, al islamismo, al budismo y al hinduis-
mo. Este tema de «todo es uno» suena muy bien en un ámbito
musical, pero es extremadamente poco práctico si se aplica en el
reino espiritual como tantos lo hacen. Con franqueza, existen
grandes diferencias entre los musulmanes, judíos, cristianos y
budistas, y hasta entre protestantes y católicos. Por supuesto que
existen algunas conductas morales externas básicas que son
aceptadas por la mayoría de las principales religiones del mundo,
pero la esencia de las religiones difiere. Si la esencia de dos
religiones está fuertemente arraigada en dos personas, es complicado tratar de unir verdaderamente a esos dos corazones. Esto
es una subestimación. Tenga en cuenta que la mayoría de las
guerras que en la actualidad tienen lugar sobre el globo se deben
a temas religiosos. Si usted no desea que su relación se transforme
en un sangriento campo de batalla, entonces no se ponga de novio
o se case con alguien fuera de su particular herencia religiosa.
*Desde una perspectiva cristiana, usted solamente debería salir con cristia-
nos. No hay excepción.* Todos piensan: «pero mi relación es diferente». Créanos, no lo es. Si usted pudiese escuchar las historias
acerca de la mortalidad de matrimonios que escuchamos nosotros
de parejas casadas tratando de mantenerse unidas mientras se
oponen vehementemente en un tema que proviene de su más
honda defensa de sus convicciones religiosas, usted le huiría a
una relación así. Desde su lado ante el altar usted simplemente
no puede saber cuán increíblemente pendenciero es el otro lado.
Muchos cristianos caen dentro de la trampa de salir con un no
cristiano por no haberse tomado nunca la molestia de preguntarle
por su creencia. Otros simplemente asumen que la otra persona

con la cual salen es un cristiano porque después de todo: «me dijo que era cristiano». No hay duda de que únicamente Dios sabe quién es un verdadero cristiano y quién no, pero Él fijó algunas líneas de guía para ayudarle a discernir si la persona con la cual está saliendo es verdaderamente cristiana.

Testimonio personal. La persona que conoce a Jesucristo estará en condiciones de señalar un cierto momento en su vida en el cual confiaron personalmente en Él como su Señor y Salvador. Un cristiano toma conscientemente la decisión de arrepentirse de sus pecados y confiar y seguir a Cristo. Un creyente no siente temor ni vergüenza de compartir y discutir esta base tan crítica de la vida.

Cambio de estilo de vida. Un cristiano busca vivir acorde con los principios bíblicos. Los creyentes visitan la iglesia y desean estar con otros cristianos. Ellos buscan amar a otros y llevarlos a una relación personal con Cristo. Los cristianos valoran la pureza sexual y no se aprovechan de su pareja. Sienten el deseo de estudiar, orar y aplicar las Escrituras a sus vidas. Ellos perdonan a otros porque recibieron abundante perdón de Dios. Asegúrese de que está relacionándose con una persona con la cual usted puede conectarse en un plano espiritual. Si usted es cristiano, asegúrese de que su pareja haya tenido un «verdadero encuentro» con Cristo y, como resultado, haya cambiado su vida. Un tremendo gozo e intimidad fluirán entre la pareja que se conecta espiritualmente. De la otra forma, inmensa pena y frustración ocurren cuando dos personas son incapaces de conectarse y compartir la parte más íntima de sus vidas.

2. La conexión física

No solamente debe unirse espiritualmente, también debe conectarse con su pareja físicamente. Aunque esto pueda parecer obvio, con sorprendente frecuencia nos preguntan acerca de la importancia de este tema. *Estar sexualmente atraído por su pareja es un prerrequisito para una saludable relación.* No es suficiente una unión espiritual. Usted debe poseer esa chispa, esa química, esa atracción que lo impulsa hacia esa persona como un imán.

George Harris describe este tipo de mágica atracción física en su canción titulada: «Something» [Algo]. En esa canción canta acerca de la cualidad intangible que debe estar presente para sostener una relación perdurable. Debe ser ese «algo» en la forma en que esa persona mira, se ríe, habla o sonríe que lo impulsa a usted a desear estar con ella.

Muchas personas exageran respecto a la atracción (vuelva a leer el segundo mandamiento: «Usarás tu cerebro») y se olvidan de los otros cruciales niveles de unión, pero seguimos encontrándonos con personas que están unidas sin ninguna clase de atracción romántica. John era una de esas personas. Salió con Brenda por más de dos años porque eran grandes compañeros. Iban a la misma iglesia, tenían los mismos amigos, se llevaban bien con sus familias, pero algo faltaba en la parte física. Él pensó que la atracción iba a crecer, por lo cual esperó, oró, y trató todo lo posible para juntar algún tipo de unión romántica, no disponible. Afortunadamente, John le manifestó a Brenda que las cosas no marchaban y se separaron. Creemos que John hizo lo correcto. Como podrá ver, no existen los «Diez pasos para el desarrollo de la química». Todas las grandes relaciones poseen algún elemento de química, y usted lo posee o no. En la mayoría de estos casos usted no puede crear esta química ni esperar que surja.

3. La conexión social

Algunas personas frecuentemente ignoran o descuidan la compatibilidad social, sin embargo este campo tan importante crea muchas tensiones en las relaciones. La compatibilidad social concierne primeramente a los patrones familiares y a las relaciones sociales y los vamos a considerar ordenadamente.

Problemas familiares. El viejo dicho, «la manzana no cae lejos del árbol», generalmente mantiene su verdad. Quién es usted y muchas de sus perspectivas en la vida (pequeñas o grandes) provienen directamente de su educación familiar. Si usted se crió en un hogar en el cual recibió amor, apoyo, aliento y seguridad de sus padres, entonces probablemente posea una buena base para crear una relación con otra persona. Si usted no se crió en un ambiente así, tendrá que trabajar un poco más duro para desarrollar una relación.

No hace mucho tiempo, las familias permanecían unidas y la gente se casaba con sus vecinos del barrio o a lo sumo con alguien de su ciudad natal. Se podía encontrar más fácilmente a alguien que compartiera perspectivas familiares o culturales similares. Sin embargo, con los porcentajes actuales de divorcios, familias mezcladas y frecuentes mudanzas transcontinentales, la dificultad de encontrar una pareja con un antecedente familiar parecido se ha hecho inmensa. Sin embargo, esto sigue siendo un tremendo campo vital para la búsqueda de compatibilidad debido a los tantos temas que guardan relación entre sí.

A continuación veremos una lista de algunos de los más importantes temas asociados a antecedentes familiares:

- Costumbres de las festividades
- Reglas familiares
- Expectativas acerca del rol de los esposos
- La finanzas
- La crianza de los niños
- Leyes internas
- Responsabilidades domésticas
- Ética en el trabajo
- Solución de conflictos
- Creencias y prácticas religiosas

Dada la penetrante influencia de nuestra vida familiar, todo sigue siendo tan importante que usted busca unión a ese nivel.

El otro aspecto de conexión en el plano social trata con los patrones de la relación. Esta dimensión de la relación cubre una gran variedad de asuntos, que incluye:

- Habilidades sociales

- Nivel de compromiso social

- Cómo pasar su tiempo libre (p.ej., pasatiempos, intereses)

- El deseo de participar en encuentros sociales o de grupos

- Gravitación hacia tipos similares de personas

- Forma de comunicarse

- Compatibilidad intelectual/antecedentes educacionales

Kenneth llamó al programa de radio de Ben para hablar sobre su noviazgo. Había estado saliendo con Erica por casi dos meses y había comenzado a cuestionar su compatibilidad. Cuando recién comenzaron a salir, todo era estupendo. Erica estaba llena de vida, inteligente y respondona y su pasión por Cristo estaba a la par de su asombrosa belleza. Con el tiempo, sin embargo, Erica comenzó a bajar la guardia y a demostrar un temperamento mandón y exigente. Lo que era una ventaja en el reto de su carrera demostró ser ineficaz en su relación con Kenneth. Él se sintió sorprendido porque al principio pensó que Erica era una mujer estupenda. Estaba buscando a alguien con quien compartir su vida, no un jefe que se la dirigiera. Kenneth entendió sabiamente que la compatibilidad social era importante para la salud de una relación duradera. ¿Qué significa estar «uncidos» en igualdad? Bueno, las similitudes entre las personas hacen que la vida juntos sea más llevadera. El compañerismo involucra necesariamente un compromiso, y las personas pueden lograr esos compromisos más fácilmente cuando comparten valores e intereses en común. Esto es válido lo mismo al decidir salir a pasear que si van a elegir una película o si están casados y tienen que decidir dónde criar los niños. Por el contrario, estar «uncido» con yugo desigual a alguien con el cual poseemos pocas afinidades puede transformar hasta la más pequeña decisión en un gran problema. Es verdad que a veces lo opuesto puede atraerse, pero para una relación estable apueste a lo similar.

consecuencias por desobedecer este mandamiento

- Será incapaz de desnudar su alma con la persona a quien más quiere.

- Sentirá una innecesaria pena, frustración y confusión debido a que está de novio con alguien que en nada se parece a usted.

- Tanto usted como su pareja se volverán locos debido a que está tratando de cambiar lo inmutable.

beneficios por obedecer este mandamiento

- Será capaz de experimentar la dicha de una unión verdadera, profunda y espiritual.

- Estarán a la misma altura en lo moral, social y mental.

- Podrá minimizar las tensiones y conflictos que vienen con las diferencias.

ayuda para usted que ha desobedecido este mandamiento

- Relájese. Si nosotros no hubiésemos desobedecido este mandamiento varias veces, no hubiésemos podido escribir este libro.

- Si usted se encuentra actualmente en una «RYD», emplee el método de apósito curativo de rompimiento de la relación (véase el quinto mandamiento) y prepárese para algo mejor que Dios tiene para usted en el futuro.

Cuarto mandamiento

LO TOMARÁS
CON CALMA

¿Alguna vez se preguntó por qué comienza a apurarse cuando pone su pie en un aeropuerto? Usted se apura en comprar sus pasajes, para después esperar en una fila que parece la eternidad. Después camina vigorosamente hacia su puerta, pero no obstante debe esperar sentado hasta que el personal de servicio llama a los pasajeros para embarcar. Da una rápida carrera para la fila que entra al avión, solamente para encontrarse con otra fila de personas dentro del túnel que esperan abordar la aeronave. Una vez dentro del avión, se aquieta un poco hasta que el avión aterriza y el demonio del apuro vuelve a asaltarlo. Usted salta fuera de su asiento y trata de alcanzar por sobre las cabezas de tres pasajeros el bolso de treinta kilos que debió consignar como equipaje y se abre paso por el pasillo solamente para esperar eternamente hasta que las puertas del avión se abran para que pueda salir. Una vez en la terminal, usted hace una disparada igual que O.J. Simpson (Simpson el más joven, el menos confuso) para recoger su equipaje en la zona de entrega. Por supuesto, una vez en el lugar, deberá esperar otros quince minutos hasta que su equipaje gire en círculos sobre la cinta transportadora. Entonces usted hace una corta y loca carrera a la zona de autos de alquiler, solamente para volver a esperar en fila. En realidad, todo el apurarse, empujarse y correr raras veces acelera el proceso del viaje. Pero esto no lo aparta de repetir este proceso cada vez que viaja, como si pensara: «Verás que esta vez te sale bien».

En forma parecida, en el segundo en el que algunas personas comienzan una relación, sienten la necesidad de precipitarse a través del proceso del noviazgo como si estuviesen atrasados tratando de no perder el avión. ¿Si usted leyese en el periódico de la mañana que en los Estados Unidos la mitad de los vuelos caen a tierra antes de llegar a su destino, no sería algo más cauteloso respecto a volar? La mayoría de nosotros probablemente no volvería a volar nunca más, pero cada día la gente se apura en entrar en relaciones enfermizas y en todo lo relativo a la marcha hacia el altar, sabiendo que sus relaciones tienen un cincuenta por ciento de probabilidades de caerse a tierra y estallar en llamas. La razón que esgrimen es: «Yo sé lo que dicen las estadísticas de divorcios, pero esta vez voy a vencer las probabilidades»

Hemos dado consejería matrimonial a cientos de parejas, tenido programas de radio semanales con algunos de los más prestigiosos expertos del país en relaciones y ayudado a incontables hombres y mujeres a tratar de recoger los pedazos de matrimonios rotos. Como resultado de esta inmersión en las relaciones, estamos convencidos de que la razón número uno por la cual se divorcian las parejas no es el dinero, las relaciones sexuales o la infidelidad, sino más bien porque la decisión de casarse fue adoptada demasiado rápida.

Más de 950.000 estadounidenses morirán este año de ataques del corazón, siendo esta la causa número uno de las muertes.[1] Más de 1.2 millones de estadounidenses se divorciarán este

---

1. *Heart & Stroke Statiscal Update* [Estadística actualizada sobre ataques al corazón], Asociación Americana del Corazón, disponible a través de la Internet, http://www.amhrt.org.

año, y la razón número uno de estas muertes de relaciones es la impulsiva decisión de casarse.[2] En su libro *Finding the Love of Your Life*, Neil Clark Warren cita un estudio empírico conducido por investigadores de la Universidad del estado de Kansas, el cual declara: «Las parejas que han estado de novios por más de dos años son las que más puntos obtienen en la satisfacción matrimonial».[3] El riesgo de un fracaso matrimonial disminuye significativamente con períodos de noviazgo más prolongados. No obstante, a pesar de enfrentar toda esta evidencia, las parejas siguen pensando: «Nuestra relación es distinta a las de los demás, somos diferentes y venceremos a las probabilidades».

¿Por qué piensan tantos en forma igual (y tonta)? Además, ¿qué pasa en las relaciones que impulsa a precipitar las cosas?

Si usted alguna vez ha escuchado mi programa radial (el de Ben) *El enlace del soltero*, o ha estado en uno de nuestros seminarios sobre las relaciones, usted conoce el principio más importante del noviazgo. Francamente, está más allá del ámbito del comienzo y es realmente un mandamiento esencial. ¿Qué mandamiento machacamos en las cabezas de las personas? «*Tómenlo con calma, conózcanse*». Tómelo con calma y conozca a la persona con la que se está casando potencialmente antes de comprar el anillo o de practicar cómo suena el nuevo apellido con su primer nombre. *Ninguno entra al matrimonio con la meta del divorcio pero millones siguen divorciándose.* ¿Por qué? No se toman el tiempo de conocer a las personas con las cuales pasarán el resto de sus vidas. Si sus padres se divorciaron o quizás usted se divorció, no tiene porqué pasar otra vez por este dolor. Si usted dedica tiempo y sigue cuidadosamente este mandamiento de tomarlo con calma, puede evitar la matanza que extermina a uno de cada dos matrimonios. En este capítulo usted descubrirá tres razones de por qué es tan acertado tomarlo con calma y cómo puede hacerlo en su actual relación.

2. Estadísticas sobre divorcios obtenidas del Buró del Censo, 1995.
3. Neil Clark Warre, *Finding the Love of Your Life* [Buscando el amor de tu vida], Focus on the Family, Colorado Springs, 1992, p. 9.

Tres razones para tomarlo con calma

1. Usted no va a conocer a una persona en un corto período de tiempo.

2. Usted necesita tiempo para un vínculo.

3. Usted se protege a sí mismo de atarse demasiado rápido.

Existe una relación directa entre la duración de un noviazgo y la satisfacción del matrimonio.

Otro estudio revela que cuanto más largo es el período del noviazgo y del compromiso, más duradero es el matrimonio. Con los matrimonios estrellándose y estallando en llamas a su alrededor, ¿no quisiera usted hacer todo lo posible para reducir el riesgo de un divorcio?

Mientras estaba en la universidad, yo(Ben) me enamoré de la mujer con la que finalmente me casaría. Ella me atraía en extremo, teníamos muchas cosas en común, gozábamos intensamente nuestra mutua compañía y compartíamos un intenso vínculo espiritual. Cada uno pensaba que el otro era perfecto hasta que llegó a su término nuestra etapa de seis meses de luna de miel de esta relación. Finalmente comenzamos a tener algunos conflictos, notamos el uno en el otro ciertos defectos de carácter y descubrimos radicales diferencias en nuestros antecedentes familiares. Pudimos fácilmente habernos comprometido durante este período de luna de miel, pero nuestra relación probablemente no hubiese sobrevivido un compromiso, mucho menos un matrimonio.

Afortunadamente no nos casamos en ese momento, pero perseveramos durante un largo período de dos años y medio de noviazgo antes de dar los votos de marido y mujer. Las frecuentes y ásperas realidades del matrimonio no nos afectaron debido a que habíamos lidiado con tanta chatarra durante nuestro noviazgo.

La mayoría de las parejas no se toman ni cercanamente el tiempo necesario para conocer realmente a la persona con la cual van a casarse.

1. *Usted no va a conocer a una persona en un corto período de tiempo*

Cuando usted se casa con alguien, usted quiere conocer cómo es esta persona realmente antes de hacer el compromiso de por vida de amarla en lo bueno y en lo malo, en enfermedad y en salud, hasta que la muerte los separe.

Si usted piensa que puede conocer a una persona realmente en un noviazgo de tres a seis meses, entonces usted o es un síquico o un sicópata. La mayoría de los solteros que vienen a mi (Ben) oficina luego de soportar una sentencia de cinco años de prisión (léase cinco años de mal matrimonio) y luego sobreviven al aún más tedioso proceso de libertad bajo palabra (el divorcio), dicen: «Nunca le conocí verdaderamente hasta que nos casamos. Simplemente no estuvimos de novios lo suficiente como para ver cómo era en realidad».

Créame, cuando llegamos a las fervorosas explicaciones de porqué su relación es diferente, yo he escuchado de todo. Por ejemplo: (1) Yo sé que Dios le dijo que con esta persona tenía que casarse, o (2) usted nunca se sintió de esta forma con otra persona, o (3) han estado hablando durante toda la noche y cada uno sabe del otro todo lo que es necesario saber. Bueno, bueno, bueno. Confíe en mí, usted tiene todavía que tomarlo con calma. Es imposible conocer verdaderamente a alguien en tan corto período de tiempo.

¿Alguna vez se ha encontrado con alguien en el trabajo o en la iglesia el cual le gustó de entrada? Había algo en esa persona que lo penetró profundamente, usted gozó de su compañía, tenían muchas cosas en común, usted pensó que estaba desarrollando un amigo potencial para toda la vida. Y entonces... un día usted descubre importantes fallas en el carácter de esa persona. He conocido a muchos que al principio me parecían excelentes; nuestra amistad comenzó a crecer y *entonces* descubrí que tenían órdenes de arresto, otros eran drogadictos severos y otros mentirosos patológicos. Afortunadamente ellos eran solamente amigos potenciales no relaciones de noviazgo. No obstante, el punto está claro: llevó un largo tiempo descubrir lo que realmente estaba pasando. Descubrir el carácter de una persona frecuentemente lleva tiempo.

Demasiadas personas saltan dentro del matrimonio luego de un corto noviazgo, solo para descubrir que sus compañeros son abusivos, deudores crónicos o adictos al trabajo. Es muy fácil fingir durante un período de tres a seis meses. Cualquiera puede portarse bien por unos pocos meses. Si además de esto usted no se da cuenta de que *las relaciones sexuales* son lo mejor para disimular el verdadero carácter de una persona y simultáneamente destruir el discernimiento, entonces usted ya posee la fórmula para el desastre.

Un amigo nuestro estaba volando de Chicago a Dallas en uno de esos aviones donde los asientos están unos frente a otros. Sentadas directamente enfrente de él se encontraban dos mujeres que estaban hablando acerca de sus divorcios y de cuán malos habían sido sus ex maridos. Luego de tratar infructuosamente de leer su periódico, mi amigo lo puso finalmente a un costado y dirigiéndose a una de las mujeres inquirió gentilmente:

—Discúlpeme, señora, ¿no le importaría si le hiciese dos preguntas?

—No, prosiga —respondió ella.

Entonces preguntó:

—¿Cuánto tiempo estuvo de novia con esa persona antes de casarse con ella?

—Seis meses —replicó. Mi amigo inquirió de nuevo.

—¿Cuánto tiempo estuvo de novia antes ir a vivir con él?

—Dos meses —contestó ella. Entonces él la miró directamente a los ojos y le dijo:

—No creo que el divorcio fue enteramente por culpa de él.

Con esta conclusión, tomó nuevamente su periódico mientras que la boca de la mujer se abrió tanto que su mentón casi golpea el piso.

Si usted trata de enriquecerse apostando a la bolsa de valores, el noventa por ciento de las veces perderá. Esta apuesta es parecida en las relaciones. Si usted está tratando de quedar enganchado pronto, la mayoría de las veces quedará muerto. ¿Por qué? La manera más segura de hacer dinero es invirtiendo a largo plazo. La manera más segura de hacer relaciones perdurables es a través de una inversión de tiempo para llegar a conocer a la persona.

No arriesgue, no apueste *el resto de su vida* sobre tres a seis meses de amor romántico. Los dividendos de esta inversión son horribles, y no puede declararse en bancarrota emocional para escaparse de las pérdidas. El dolor del divorcio dura más de lo que jamás se haya imaginado.

Es simplemente imposible conocer a alguien profundamente en ese corto período de tiempo. Usted no puede acelerar el proceso de madurez de un vino y no puede acelerar el proceso de madurez de un noviazgo. Tome un consejo de Ernest y Julio Gallo[4] quienes pronunciaron estas famosas palabras: «No venderemos vino antes del tiempo correcto». Aplique esto a su vida amorosa y no se lamentará.

2. Usted necesita tiempo para pasar por las diferentes etapas del vínculo

La mayoría de los muchachos pueden recordar haber ido a una tienda por departamentos y quedar muy impresionados por las fotos de brillantes bólidos rojos adornando las cajas de los automóviles de colección para armar. En esos juegos, las instrucciones eran muy claras acerca de cuáles partes había que pegar primero. Primero, armar el motor; luego esperar un día para que se seque. Después, armar el chasis y esperar otro día para que también se seque. Después de eso, esperar otras veinticuatro horas para que las piezas puedan unirse apropiadamente entre sí.

Bueno, ¿qué muchachito de once años en esa etapa de la vida tiene la capacidad de esperar para conseguir algo? Entonces, ¿qué hacía la mayoría de estos muchachitos? Pegaban todas las piezas entre sí en tres horas de duro trabajo, miraban fijamente su creación por unos minutos y luego observaban cómo sus piezas

4. Famosos fabricantes de vino de California. Nota del Editor.

se iban despegando lentamente. ¿Por qué? Los muchachitos no le habían dado al pegamento el tiempo necesario para que secara.[5]

Tomándolo con calma permite que el pegamento de su relación se seque. Ayuda a que usted vaya a través de las etapas necesarias del vínculo, paso por paso.

La mayoría de las relaciones pueden fraccionarse en cuatro etapas de vínculo y compromiso. La primer etapa es la *etapa del explorador*, que es cuando usted simplemente está probando las aguas para ver si le gusta la persona o no. La segunda etapa es la que llamamos la *etapa de la chifladura*, en la cual usted está locamente enamorado de esa persona y absolutamente ciego a sus defectos. Algunos la llaman la *fase de la luna de miel* de la relación, la cual dura entre tres a nueve meses, dependiendo de cuán bien fingen ambas partes. La tercera etapa es la *etapa de las mordeduras de la realidad*, la cual ocurre cuando usted despierta y se da cuenta que esta «persona perfecta» posee algunas brillantes grietas en su armadura. La cuarta etapa es la *etapa de pescar o cortar el señuelo*. Esta es la etapa final, en la cual usted decide si debe casarse con esa persona o dejarla ir.

3. Usted se protege a sí mismo de atarse demasiado rápido

Otra razón por la cual usted debiera tomarlo con calma es que se resguarda a sí mismo de vincularse emocionalmente con demasiadas personas. Un versículo de la Biblia dice que no «echéis vuestras perlas delante de los cerdos» (Mateo 7.6). Muchos solteros poseen el don de echar sus perlas y hay abundancia de cerdos que están dispuestos a agarrarlas.

Cuando usted tiene una atracción inicial tan grande hacia alguien que siente que su corazón le golpea el pecho, es difícil enfriarse y no reaccionar ante tan poderoso sentimiento. Conozco innumerables hombres y mujeres que son adictos al amor romántico. Ellos viven para esa chispa mágica, indescriptible que existe cuando dos personas sienten la instantánea emoción de estar

5. Dr. James Dobson, periódico Focus on the Family.

cerca. Muchos hacen suyo este sentimiento y corren con él. Pasan juntos ocho horas en su primera salida, permiten que en el plano físico ocurran cosas demasiado rápido, viéndose cada día, y así continuamente. Esta es una fórmula para un placer a corto plazo y un dolor a largo plazo.

Por supuesto, un día despiertan y se dan cuenta que están absolutamente enfermos de estar juntos, porque se ahogaron mutuamente de tal forma que apagaron la llama del amor. Otros tuvieron un destino peor: ellos nunca se calmaron lo suficiente para tomarse un respiro, y la próxima cosa que ocurre es que usted los ve vestidos con smoking y vestido blanco para prometer sus vidas a alguien a quien han conocido durante cuatro divertidos meses. Y piensan que esto es ser inteligentes.

Si usted lo toma con calma desde el principio, entonces no se convertirá en un adicto del amor o se casará con alguien que apenas conoce. Cuando usted busca tomarlo con calma, retiene un afecto físico hasta que esté en condiciones de entrar en una relación de exclusivo noviazgo. Esto lo protege de dar su corazón y su cuerpo a alguien a quien no conoce realmente. Le permite salirse de una relación sin haber invertido demasiada energía emocional y espiritual en la persona equivocada.

Darrel era un soltero de veintinueve años que poseía un historial sexual más largo que *La Guerra y la Paz*.[6] Finalmente se hartó de estar relacionado sexualmente con distintas mujeres y entrar en relaciones demasiado rápido. Por lo cual tomó la sabia resolución de abstenerse de una romántica intimidad hasta no estar listo para una relación con una persona exclusivamente. Esto le podrá sonar un poco remilgado o anticuado. Sin embargo, si tiene realmente abierta su mente y tiene en cuenta la cantidad de divorcios, hogares de padres solteros y enfermedades transmitidas sexualmente que la «moderna» manera de relaciones produce, usted reconocerá que esta nueva manera no funciona. Por

---

6. Novela de León Tolstoi publicada en 1878 que refleja extensamente la vida de la aristocracia rusa en la época de las guerras napoleónicas. Nota del Editor.

lo menos deberíamos estar de acuerdo en que las perspectivas actuales son un fracaso.

Hágase un favor y tómelo con calma; no eche sus perlas a los cerdos. Conseguirá un montón de amigos, y guardará su corazón, su alma y su cuerpo para la persona correcta.

SIETE ESTRATEGIAS PARA UN NOVIAZGO EN CÁMARA LENTA

Dada la natural tendencia a acelerarse al comienzo de una relación, usted debe tener una estrategia que le ayude a mantenerse a baja velocidad. He aquí nuestra lista de siete estrategias que deben emplearse.

1. Haga un compromiso de dos años.

2. Haga que su primera salida sea breve y sencilla.

3. No suministre al principio demasiada información.

4. Posponga el amor físico.

5. Permanezca unido a sus amigos.

6. No oren juntos.

7. No mencione la palabra «M».

1. Haga un compromiso de dos años

Nada le ayudará más a tomarlo con calma que decidir invertir dos años de su vida para conocer a esa persona antes de comprometerse en matrimonio. No importa cuán grande es lo que siente, no importa cuánto están empujando sus hormonas, no importa cuántas voces internas y divinas le están diciendo: «este es». Esto no significa que usted deba entrar en una larga relación con cada persona que conozca. Simplemente significa que cuando usted crea haber encontrado la persona adecuada, permita que por lo menos transcurran dos años desde la fecha de su primera salida hasta la fecha de su casamiento.

Saber que usted va a estar en un largo recorrido lo prevendrá de entregarse demasiado rápido a las personas erróneas. Teniendo este compromiso sólido como una roca le dará la disciplina de tomarlo con calma porque usted no tiene apuro. Usted sabe que la velocidad es mortal en las autopistas y en los caminos del amor.

Tony y Marla eran una pareja que hicieron las cosas en la forma correcta. Se enamoraron perdidamente y gozaron de esa etapa especial de su relación todo el tiempo que duró. Se atraían mutuamente, eran compatibles espiritualmente y en su relación, pero sabían que necesitaban tiempo para que el pegamento se secara. Hubiera sido fácil para ellos comprometerse durante la etapa de los tres a seis meses de luna de miel de su relación, pero fueron suficientemente inteligentes para tomarse las cosas con calma. Finalmente se casaron después de un noviazgo de dos años. Siguen casados y muy felices, debido a que el fundamento de su relación fue firme.

El compromiso de dos años frecuentemente les parece extravagante a los solteros y a los otra vez solteros, los cuales se sienten que van a explotar si su urgencia en juntarse no es prontamente satisfecha. Sin embargo, piense simplemente en este compromiso como una inversión a largo plazo que pagará generosos dividendos a su banco emocional, espiritual y de relaciones. ¿Qué significan dos cortos años en un matrimonio de treinta?

Si usted acelera a través del proceso de su noviazgo y se casa con la persona equivocada, su vida será un infierno durante un tiempo muy largo, ya sea que siga casado o que se haya divorciado. Si invierte dos años en esa persona, y obedece los mandamientos de este libro, su vida será el paraíso terrenal, porque usted conocerá a esa persona como realmente es. Además tendrá la confianza de que se está casando con la persona adecuada.

2. Haga que su primera salida sea breve y sencilla

Yo (Ben) cometí los más ridículos errores de mi vida en mis primeras citas. Acostumbraba a ser muy intenso, hacer preguntas profundas, y permanecer despierto la mitad de la noche tratando de resolver los problemas del mundo de las primeras citas con mujeres que conocía escasamente. Finalmente, después de enamorarme incontables veces y de llevar a otras a enamorarse de mí sin siquiera gustarme, tuve una pista y comencé a hacer mis primeras salidas más cortas y mucho más sencillas.

Cuando usted comienza con calma, es mucho más fácil seguir con este procedimiento. Salga a almorzar en su primer cita, o impóngase un toque de queda si la cita es por la noche y manténgase firme en ello.

Otra manera de mantenerse en calma al comienzo es limitar las veces que usted ve por semana a la persona. Esto servirá para dos propósitos. Primero, lo va a forzar a tomarlo lentamente y con calma para que no intente vincularse demasiado rápido. Segundo, probablemente se hará más atractivo para la otra persona porque no parecerá demasiado dependiente de una relación para ser feliz, vale decir, la otra persona verá que usted posee vida propia.

3. No suministre demasiada información al principio

Demasiadas personas ansiosas vacían su interior a su potencial pareja en su primera cita. No use el sistema de :«Hola, mi nombre es Chris, le voy a contar mis más oscuros recuerdos de mi infancia y el motivo por el cual odio a mi padre», para aproximarse a una persona que ni siquiera conoce. Cuando usted comparte muchas cosas demasiado pronto, es como si estuviese vomitando verbalmente sobre esa persona.

Muchos solteros justifican ser proclives al vómito verbal en su primer cita diciendo: «Estoy cansado de seguir con el juego. Quiero ser verdadero y transparente». Escuche, hay un tiempo para ser abierto y vulnerable, pero no es cuando usted acaba de conocer a una persona. Tenga algo de dignidad y autorespeto. Practique la paciencia y la prudencia. Hay otro término para las personas que ofrecen demasiada información: embriagados.

4. Posponga el amor físico

Tomarse de las manos, abrazarse y besarse deberían ser símbolos de una relación segura y no significar estar *ganando* una relación segura. En el momento en que usted trae el amor físico a su relación, las cosas cambian, aumentan las expectativas y las comunicaciones decaen. El arte de tomarlo con calma significa que usted está comprometido a conocer gradualmente a una persona y crecer dentro de una amistad madura.

Cuando usted trae el contacto físico dentro de la relación, el interés aumenta y se hace más difícil terminar luego con esta relación. La teoría dice que el afecto debe ser el toque final de una segura amistad que florece dentro de un noviazgo comprometido. Una de las mejores cosas que mi esposa y yo hicimos cuando comenzamos a salir fue abstenernos de besarnos hasta no haber salido por tres meses. El período de tres meses nos permitió conocernos a un nivel de amistad, y construir un fundamento que pudiese manejar el amor físico. Esto puede sonar arcaico en los tiempos actuales en los que la mayoría de los hombres esperan tener relaciones sexuales después de la tercera cita, pero es la única manera de desarrollar saludables normas de noviazgo. Las mujeres necesitan especialmente mantenerse firmes en esto y no sucumbir ante los avances de los hombres. Demasiadas mujeres tuvieron la audacia de decirme: «Bueno, si no tengo relaciones sexuales con él, se irá». ¡Fantástico, déjelo ir! *Si usted permite a un hombre hacer de las suyas con usted, nunca, nunca será respetada por él.*

A la larga, los hombres están buscando DAR:

D- Los hombres buscan el *desafío*. Cuando usted permite que le tome las manos en su primera cita o que la bese, usted ha quedado fuera de la cacería.

A- Los hombres buscan a alguien que *atraiga*. La atracción tiene más que ver con su personalidad y su carácter que la apariencia física suya. Seguro que sí, los hombres echan un vistazo y se enloquecen con las supermodelos de la revista *Cosmo*, pero para el largo trayecto están buscando la mejor amiga, no simplemente una cara bonita.

R- Los hombres buscan a una mujer que puedan *respetar*. Cuando usted se entrega a ellos en el aspecto físico, inmediatamente perderá su respeto.

Memorice la cita inmortal de James Dobson: «Anhelamos las cosas que no podemos obtener y no respetamos las que no podemos evitar».[7]

5. Permanezca unido a sus amigos

Una de las peores cosas que usted puede hacer durante su noviazgo es desprenderse de sus amigos en el momento en que siente que ha encontrado a alguien especial. Mantener a sus amistades originales lo va a prevenir de ser absorbido dentro de la zona de alta velocidad de las relaciones. Cuando algunas personas se enamoran tienen la tendencia a apartarse de sus amigos y engancharse con su nuevo interés romántico. Este tipo de comportamiento generalmente es como un puntapié para sus amigos y espanta a su potencial romance. Manténgase en contacto con sus amigos. Usted puede llegar a necesitarlos, sin mencionar el hecho de que necesitará definitivamente sus consejos y respuestas durante su noviazgo. Otra razón por la cual no debe deshacerse de sus amigos: los necesitará cuando se deshagan de usted.

6. No oren juntos

El acercamiento de «oremos juntos» suena muy dulce y espiritual en el primer momento pero puede ser usado como una forma de manipulación. Orar es una de las experiencias más íntimas que usted pueda tener. Tenga en cuenta el hecho de que cuando usted ora con alguien al cual apenas conoce, está alentando un vínculo que puede ser más intenso que el amor físico o las relaciones sexuales. Existe una fina línea entre la espiritualidad y la sexualidad y las personas que no respetan esa línea están en peligro de incinerarse.

Digamos que usted siente una intensa atracción hacia alguien que conoció en la iglesia. Él la invita a salir y usted acepta con júbilo. Luego de cenar e ir al cine, él la lleva de vuelta a su departamento y usted se queda charlando un poco dentro de su

---

7. Dr. James Dobson, *Life on the Edge* [Al borde de la vida], Word, Dallas, TX, 1995, p. 112.

automóvil. Luego de un rato, usted sale del vehículo y en lugar de tratarla de abrazar o besar, le dice: «oremos y demos gracias al Señor por este día». Bueno, usted está completamente asombrada. No solamente *no* está tratando de intimar con usted sino que está tomando el liderazgo espiritual comenzando a orar. Aquí es donde se pone peligroso. Una vez que comenzaron a orar juntos, están combinando dos de las más poderosos fuerzas del planeta: su impulso espiritual y su impulso sexual. Es tan fácil para los dos quedar envueltos, y para usted terminar la sesión de oración con la palabra divina de Dios confirmándole que él es la persona indicada. En realidad, todo lo que usted ha conseguido es espiritualizar sus hormonas. Tome con calma el tema de la oración. Habrá mucho tiempo para orar juntos durante el trayecto del noviazgo. No lo eche a perder antes de que su relación tenga la oportunidad de crecer.

7. No mencione la palabra «M»

Si realmente quiere crear un caos emocional y expectativas fantasiosas en las primeras etapas del noviazgo, entonces solamente mencione la palabra «M». La palabra «M» es *matrimonio*. Muchachos, en cuanto ustedes intercalen la palabra «M» dentro de una conversación con la persona con la cual están saliendo, tienen un margen de más o menos un mes para comprar los anillos y pedirle su mano. Muchachas, en cuanto ustedes intercalen la palabra «M» dentro de una conversación con sus novios, tienen alrededor de una semana antes de que él se eche atrás en su relación, murmurando mientras se aleja: «Simplemente necesito algo de tiempo».

Nunca hable de matrimonio en las primeras etapas del noviazgo. Una vez que ha lanzado la palabra«M», no la puede recoger o volver a enrollar. Cambia toda la relación y pone indebida presión sobre los dos. Los hombres a veces manipulan a las mujeres haciendo el siguiente comentario: «Quizás nos casaremos algún día», y las mujeres caen en ello como si fuese una inevitable verdad. Por otro lado, las mujeres espantan a sus potenciales parejas hablando de matrimonio antes de que la relación haya tenido la posibilidad de madurar. La línea de conducta es permanecer callados. Resista hasta el final, no importa lo difícil que pueda ser; no importa cuántas pequeñas coincidencias han ocurrido que demuestran que están destinados a unirse; no importa cuántas revelaciones divinas usted haya recibido; y a pesar de los comentarios y consejos traídos por superansiosos padres y bienintencionados amigos. Espere. No hable acerca del matrimonio hasta que no se cumpla el tiempo.

CONSECUENCIAS POR DESOBEDECER este mandamiento

- Lastima la amistad con las personas que necesitará tener a su alrededor *cuando rompa su relación.*

- Se arriesga a entrar en un matrimonio y despertarse una mañana para ver a un extraño acostado a su lado.

- Aleja a la persona al ahogarla o parecer desesperado.

- Se arriesga a ser defraudado por alguien con motivos deshonestos.

BENEFICIOS POR OBEDECER este mandamiento

- Evitará entrar en un matrimonio con alguien a quien no conoce verdaderamente.

- Evitará ser manipulado y controlado emocional, física y espiritualmente.

- Evitará el sufrimiento de un vínculo emocional o físico demasiado temprano y de dispersarse usted mismo.

- Experimentará mayor gozo viendo desarrollarse gradualmente una relación en vez de recorrerla apresuradamente.

ayuda para usted que ha desobedecido este mandamiento

- Apriete los frenos en su relación, nunca es demasiasdo tarde para frenar las cosas.

- Procure mantener o reestablecer las amistades de su mismo sexo.

- Fije claros límites físicos.

- Comprométase a verse en «ciertas épocas» y déle tiempo para que crezca.

Quinto mandamiento

te fijarás límites precisos

—¿Te atropelló con su motocicleta? —exclamé con toda la fuerza de mis pulmones, en respuesta a una de las más inverosímiles llamadas que jamás haya recibido durante mi programa radial.

—Sí, así es —replicó Brooke con suave voz—. Pero, como usted verá, ocurrió dos años atrás, y ahora está realmente cambiado —continuó, antes de que yo volviera a la carga.

—Brooke, ¿sabe usted lo que dijo? Ese muchacho es un maniático que debería estar tras las rejas, y usted se está preguntando si debe volver o no junto a este individuo socialmente inadaptado. *¡Este hombre trató de matarla! ¡La atropelló con su motocicleta, para decirlo así a gritos!* Caso cerrado. El próximo, por favor.

Aunque Brooke sobrevivió el intento de homicidio Harley Davidson, volvió arrastrándose a esa persona detestable y mantuvo relaciones sexuales con él como si nada hubiese pasado. Para decirlo mejor, esta señorita tenía dificultad para fijar firmes límites de vinculación. Bueno, puede que usted no haya sido atropellada por un motociclista loco, pero si fracasa en fijar límites precisos en sus relaciones, se sentirá como si hubiese sido atropellada por un camión Mack. Si usted se siente identificada con algunas de las siguientes afirmaciones, está luchando con graves problemas de vinculación:

- «Me cuesta mucho decir que no a las personas que quiero».

- «Cuando ella está de mal humor, yo me pongo de mal humor. Simplemente me arruina el día».

- «Me he dado cuenta de que mis novios siempre se aprovechan de mí. Debo estar eligiendo a los muchachos equivocados».

- «Sé qué es lo mejor para él y estoy dispuesta a cambiarlo así sea la última cosa que yo haga».

El común denominador de todas las situaciones antes mencionadas es el de la responsabilidad. Si toma demasiada responsabilidad por su pareja o falla en tomar suficiente responsabilidad para usted mismo, entonces tiene serios problemas de vinculación. La quinta ley en las relaciones tiene que ver con su capacidad de definirse usted mismo y mantener su sentido de la separación dentro de una relación. Fijar límites precisos le ayudará a conocer por qué tomar responsabilidades y ayudará a otros a saber cómo relacionarse con usted más efectivamente. Si falla en asumir una responsabilidad, entonces tenga cuidado porque está por ser atropellada.

En este capítulo, exploraremos qué son los límites, cuatro áreas en las cuales todos debemos fijar límites, cuatro mitos que dicen que fijar lineamientos es equivocado, y veremos el papel que desempeñan los límites en un rompimiento.

¿QUÉ ES UN LÍMITE DE RELACIONES?

Los límites definen quién es usted, y refuerzan la idea de que usted es algo separado y distinto de los demás. Describen lo que piensa y siente, tanto como lo que usted quiere hacer. Ellos también definen sus preferencias, lo que le gusta y le disgusta, lo que acepta y lo que no acepta. Le informan dónde termina usted y empiezan los demás. Lo más importante, los límites ayudan a determinar en qué es usted responsable y en qué no. *Una relación saludable de noviazgo* REQUIERE *límites correctos, sólidos y bien definidos.*

Suponga que adquiere una casa y por una u otra razón, no tiene claramente marcados sus límites de propiedad. Usted quiere poner una piscina de natación (está ahora en profunda fantasía), y su vecino quiere poner una cancha de tenis. Sin embargo, ninguno de ustedes sabe dónde termina una propiedad y empieza la otra. Para empeorar la cosa, ninguno le comunicó al otro de sus planes. Imagínese la confusión, conflictos y posibles problemas legales que sobrevendrán entre su vecino y usted. Usted podrá estar en una gran confusión. Las relaciones del noviazgo pueden ser tan confusas, y aún más, si falla en fijar límites precisos. Si usted tiene en su corazón marcas de «patinazos» de relaciones previas, entonces debe aprender a fijar firmes límites de relaciones.

CÓMO EVITAR QUE LAS PERSONAS LE PASEN POR ENCIMA

La única manera de evitar que todas las personas le pasen por encima es dejar que su sí sea sí y su no sea no. *Los límites se refieren a fijar límites.* ¿Alguna vez hizo enojar a alguien al punto que le diga: ¡Ey, aquí voy a poner límites. Ya basta! Demasiados novios no saben cómo, ni cuándo, ni dónde fijar los límites. He aquí varias áreas en las que deberá aprender cómo fijar límites y dejar que su sí sea sí y su no sea no. Siga estos principios y se convertirá en un buen fijador de límites, en un novio que fija los límites apropiados.

1. Su cuerpo le pertenece a usted

Usted debe fijar límites definidos en el aspecto físico/sexual o será arrollado durante el noviazgo. No podemos subestimar la importancia de la clara definición de límites en esa área. A riesgo de insultar su inteligencia, comencemos con la comprensión de que su cuerpo le pertenece a usted. Solamente usted es responsable de su cuerpo. Estamos hablando de su capacidad de definir cuáles son sus límites antes que dé el primer paso fuera de su puerta un viernes por la noche. Los límites físicos incluyen la capacidad de decir no cuando su pareja quiere ir más allá de lo que usted cree que es apropiado. Si su pareja no respeta sus límites (p.ej., que usted se encuentre diciendo: «¿Cuál parte de un "no" tú no entiendes?») tómelo como una descarada violación de sus límites. Pídale a su pareja que dé marcha atrás. Si tiene tan poco respeto por usted que la respuesta a sus límites es una fría indiferencia, aléjese de él. Su relación será un infierno si usted trata de seguir con esa falta de respeto.

Si usted no fija sus límites antes que comiencen los problemas, será difícil evitar que esa persona le pase por encima. Observe simplemente lo que le pasó a Jean Anne. Cuando Jean Anne cursaba la secundaria, era una de las chicas más populares del colegio. Era la capitana de las animadoras de su equipo, capitana del equipo de natación, y miembro de la Sociedad Nacional de Honor. También poseía altos patrones morales y se había hecho el firme compromiso de permanecer sexualmente pura hasta su casamiento. Salió con varios muchachos en el período de la secundaria y tuvo un novio estable por más de un año, pero nunca fue demasiado lejos físicamente. Sin embargo, cuando dejó su hogar para ir a la universidad, conoció a un muchacho llamado Trenton, quien comenzó a probar sus límites físicos. Comenzaron a besarse apasionadamente por horas y horas, y luego avanzaron hacia el juego físico. Él le dijo: «Mientras no tengamos relaciones sexuales, todo está bien». Después de seis meses se separaron, y Jean Anne se sintió culpable y avergonzada de lo que había hecho con Trenton.

Un año después conoció a otro muchacho en una fiesta y comenzó a hacer las mismas cosas que había hecho con Trenton. Una noche las cosas se volvieron más intensas y ella dejó caer su límite final y mantuvo relaciones sexuales con él. Recordando esto dos años después, Jean Anne lloró porque había dado algo que nunca iba a recobrar.

Igual que Jean Anne, la mayoría de las personas no pierden sus límites de la noche a la mañana. Es un proceso gradual de compromiso y razonamiento, luego la próxima cosa que usted sabe es que está dando su cuerpo a alguien que ni siquiera conoce. Usted tiene que hacer ahora un compromiso de fijar límites en el terreno sexual. Una vez que usted se encuentre en el calor de la pasión, comienza el fenómeno de reubicación de su cerebro, y usted comienza a razonar con sus genitales y no con su cerebro. Dios le ha dado un cuerpo, y el hecho de quererlo o no es irrelevante en el tema de ser un buen administrador de él. Respétese a usted y a la persona que está con usted. Hablaremos más del sexo en el sexto mandamiento, pero por ahora tome posesión de su cuerpo y recuerde que le pertenece.

2. Sus emociones le pertenecen a usted

Las emociones son animales extraños que con frecuencia parecen impredecibles e incontrolables. No obstante, usted y yo seguimos siendo responsables de nuestras emociones y cómo las expresamos en nuestras relaciones. Suena tonto afirmar que sus emociones «le pertenecen», pero se sorprendería saber la cantidad de personas con las que hablamos semana tras semana, las cuales no saben dónde terminan sus emociones y dónde comienzan las de su pareja. Algunos permiten a sus parejas introducirse en sus vidas hasta un grado absurdo, básicamente controlando sus vidas. Otros sienten la necesidad de hacer eso por otros, entrando en esa situación y sintiéndose responsables por su novio o novia. Vemos con agradecimiento que tenemos algunas claves fundamentales para asentar buenos límites emocionales en nuestras relaciones de noviazgo.

Primero que todo, usted necesita ser capaz de comunicarle a su pareja cómo se siente. *La capacidad y voluntad de identificar y expresar lo que usted verdaderamente está sintiendo es probablemente el único factor más importante para promover intimidad en su relación.* Expresiones sencillas como: «tengo miedo», «estoy triste» o «me siento solo», son afirmaciones poderosas y sirven para que otros lo conozcan en un nivel más profundo. Por favor no exprese estas afirmaciones en su primera cita (vaya despacio), pero una vez que progrese en sus relaciones debe tener la libertad de expresar a su pareja cómo se siente.

Segundo, necesita ser dueño de sus sentimientos y ser capaz de separarlos de los de su compañero. Si descubre que sus sentimientos están de alguna forma dictados por las acciones o emociones de su pareja, entonces usted está demasiado conectado emocionalmente con ella. Usted está permitiendo a otra persona que controle su estado emocional. En breve, la atmósfera emocional de su pareja determinará si usted estará de buen o mal humor.

Vince era una persona siempre dispuesta a agradar a los demás, se enamoró de Zoe, una joven con una tonelada de lastre emocional. Si ella estaba abatida cuando Vince pasaba a buscarla para salir, entonces él simplemente adaptaba sus emociones para acomodarlas a las de ella. Durante su noviazgo, Vince nunca fue capaz de separar sus emociones de las de Zoe. Él podía estar en su trabajo días enteros desperdiciando su tiempo mirando fijamente la pantalla de su computadora debido a que no fue capaz la noche anterior de sacar a Zoe de su zanja espiritual.

Cuando usted se descubre diciendo cosas como: «Cuando mi novia está triste, arruina toda la noche» o «cuando mi novio está enojado e irritable, yo también me enojo», no está fijando límites entre usted y su pareja. Nadie debería tener ese control sobre sus emociones. Recuerde... usted es dueño de sus emociones.

Por supuesto que hay momentos cuando todos necesitamos mostrar compasión y sentir la pena de alguien, pero lo que estamos analizando aquí va por encima de eso. El fracaso de ser dueño de sus emociones lo convierte en un camaleón emocional. Los camaleones son esos pequeños lagartos que adoptan el color de cualquier cosa sobre la que están encaramados. Cuando usted toma la negativa emoción que su pareja está experimentando, como una cosa contagiosa, usted se está transformando en un camaleón emocional. Un fijador de límites es capaz de separarlo emocionalmente del otro.

3 Sus pensamientos le pertenecen a usted

La última vez que estudiamos el concepto de control de los pensamientos y la lectura de la mente, éste seguía siendo un tema de novelas de ciencia ficción o de los síquicos de la televisión. Nadie puede pensar por usted. Nadie puede saber sus pensamientos salvo que usted se los revele. Usted es cien por ciento responsable de sus pensamientos. Los límites mentales son los que son dueños de sus pensamientos, y no esperan que otros lean su mente.

Si usted se expresa a sí mismo pensamientos negativos como: «Nadie va a querer salir conmigo nunca» o «nunca encontraré a esa persona tan especial», entonces cosechará las esperadas consecuencias de estos pensamientos distorsionados: ¡No hay citas! «Porque cual es su pensamiento en su corazón, tal es él» (Proverbios 23.7), es más verdadero que lo que cree la mayoría de nosotros. Usted es la suma total de sus pensamientos. Es responsable de mantener su mente limpia y ordenada. Es esencial que usted se haga cargo de la vida de sus pensamientos y reprograme su mente, si está llena de autocondena o de profecías autodestructivas.

Otro aspecto de poseer sus pensamientos es no esperar que otros se los lean. Marcia jamás entendió esto durante los siete meses de su noviazgo con Jim. Ella siempre esperaba que Jim supiese lo que le gustaba y lo que le disgustaba, y por qué estaba de mal humor. Jim se escapó de esta relación porque se cansó de tratar de jugar el papel de un síquico consolador. Aún después de la separación, Marcia culpaba a Jim por la falta de comunicación entre ellos, sin darse cuenta que ella era el verdadero problema.

Esta mentalidad de: «Si realmente me amaras sabrías qué estoy sintiendo», es absurda. Usted no puede esperar o asumir que una persona pueda saber instintivamente lo que usted está pensando o sintiendo en un momento determinado. Si está de mal humor o quiere hacer algo y su pareja no entiende las señas, entonces simplemente dígalo. No juegue a las adivinanzas si el otro no lo capta. Aprendiendo cómo tomar control sobre sus pensamientos por un lado y cómo expresarlos a su pareja por el otro, hará que sus relaciones se deslicen más suavemente.

4. Sus acciones le pertenecen a usted

Una de las acciones más tontas que tratamos de hacer en las relaciones es cambiar al otro. ¿Alguna vez se sorprendió a sí mismo tratando de moldear y darle forma a su pareja como si fuese una pieza de arcilla? Usted debe ser responsable de *su* conducta, y deje a los demás ser responsables de la de ellos.

Un amigo me dijo una vez: «No puedes enseñar canto a un cerdo. Todo lo que conseguirás es frustrarte e irritar al cerdo». Aplique sin vacilar este proverbio a su noviazgo.

¿Es realmente *su* tarea tratar de cambiar, moldear, sanar, reparar o reformar a la persona con la cual está de novio? ¡Claro que no! Si no le gusta lo que ve, entonces apártese, porque es pecaminoso y errado oprimir a otras personas tratando de controlarlas. No moleste al cerdo y no se golpee la cabeza contra la pared.

LOS LÍMITES PROPIOS

Fijar límites firmes es tan simple como 1-2-3 cuando usted lee un libro o se toma un descanso en sus relaciones, pero de alguna manera las cosas caen en desorden cuando vuelve a enamorarse. Dado que nuestros consejos no son fáciles de adoptar, reconocemos que tomará algún tiempo y repetidos fracasos transformarse en un saludable fijador de límites. Límites para las personas que luchan con decir *no*, no llegan con facilidad... ¡pero llegan!

Leslie era jefa de ventas de una gran compañía de computadoras. Era agresiva y responsable en su trabajo, y se había establecido en la industria como una funcionaria capaz. Su vida parecía maravillosa hasta que comenzó una seria relación con Calvin. Aunque estaba locamente enamorada de él, se sentía constantemente sobrecargada, frustrada y deprimida, lo cual la intrigaba a más no poder. Calvin era amable, sensible a sus necesidades y maduro comparado con los otros hombres con los que había salido. Él era la personificación de sus sueños, pero ella sospechaba que su angustia estaba de alguna forma ligada a su nueva relación. Leslie le contó sus penas a un amigo íntimo y por sugerencia de éste, finalmente aceptó buscar ayuda. A través de la consejería, yo (Sam) descubrí que ella había sacrificado varias cosas que le eran importantes, para agradar a Calvin. Dejó a un lado el compromiso con su iglesia para acompañarlo a su lugar favorito de adoración. Dejó de practicar gimnasia porque quería pasar su tiempo libre conociendo a Calvin. Ella confesó que aunque él no era mandón, generalmente hacían lo que él quería. Ella razonó que nada de eso le importaba realmente mientras se mantuvieran juntos. Durante la mayoría de sus discusiones ella cedía para mantener la paz. Llegó hasta el punto de que no discutía temas en los cuales se sabía fuerte. En pocas palabras, Leslie había dejado temporalmente de lado sus límites en el nombre del amor y del romance. Ella se perdió a sí misma durante la relación, y como resultado, estaba experimentando un montón de pena emocional. Ella ya no fijaba sus límites. Había fracasado en tomar posesión de sus emociones, pensamientos y acciones y estaba pagando un precio. Esto es lo que sucede cuando usted permite que el amor romántico lo engulla completamente y barra con los límites que usted había fijado para mantener su relación en balance. A usted simplemente le pasaron por arriba.

LOS LÍMITES LUEGO DEL ROMPIMIENTO

Aún personas que son saludables fijadores de límites pueden ser paradas por la «policía de límites» luego de una ruptura de relaciones. Salvo que el rompimiento de relaciones haya sido como una de esas guerras de tierra arrasada, una u otra de las partes siente finalmente con frecuencia la tentación de buscar un acercamiento con su ex. El que inicia el contacto renovado merece nuestras más profundas lágrimas, pero el que permite ese contacto merece unos cuantos latigazos. No estamos diciendo que es fácil fijar rápidos y duros límites entre usted y su antiguo novio o novia. Sin embargo, es esencial que usted marque límites después de un rompimiento, para el bien de ambos.

Este es el método de apósito curativo en acción. Los solteros después de haber vivido una relación ignoran, con riesgo propio, el método del apósito. Recuerde solamente cuando usted tuvo un apósito curativo sobre su piel cubriendo alguna herida. Cuando llega el momento de quitarlo, usted tiene dos elecciones (¡pero verdaderamente una sola, si desea minimizar el dolor!) Usted puede despegar una pequeña esquina, y tirar un poquito, mueca, tirar un poco más, mueca algo más grande, seguir tirando un poco y, atrozmente, quitar la bandita curativa. O usted puede quitarlo de un solo tirón, rápidamente y con una sola mueca. El dolor está presente, intensamente, pero se va en un momento y pronto vuelve usted a la normalidad.

Es la misma cosa en una rotura de relaciones. Usted puede sostener una decisiva y dolorosa conversación e irse. Recién cuando se aleja ambas partes serán capaces de comenzar con el proceso de sanidad. Pero si no lo arranca, y en su lugar lo va despegando lentamente con una mueca, causará dolor por mucho tiempo y mantendrá alejado indefinidamente el proceso de curación. El dolor trae claridad y la claridad un fin. Pero tanto el que hizo la rotura de relaciones como el que fue dejado atrás necesitan erigir límites inexpugnables entre sí. Sacando inevitables funciones tales como el trabajo o la iglesia, no deberían de ningún modo interactuar entre sí. *¡Cero interacción!* Suena áspero, pero en realidad es el mejor camino para comenzar la curación, la cual no es áspera de todos modos. El dolor permanece por las tontas ideas de que pueden seguir siendo amigos, o con la esperanza de que la ruptura los haga cambiar de idea, o buscar malvadamente alguna intimidad tipo «cura rápida» sin comprometerse. A la larga, ambas partes necesitan establecer firmes límites después del corte, para beneficio de los dos.

CUATRO MENTIRAS QUE LAS PERSONAS CREEN ACERCA DE LOS LÍMITES

El concepto total de los límites de relación es a veces difícil de entender y de aplicar. Realmente, muchos de nosotros creemos ciertas cosas acerca de los límites que simplemente no son ciertas. He aquí una lista de las cuatro mentiras más importantes que la gente cree acerca de los límites.

Mentira # 1: Los límites son muros

Si usted cree que el fijar límites es una manera de erigir muros, entonces hemos sido malinterpretados. Este no es el punto. *Los muros* mantienen alejados a los otros, los muros aíslan. ¿Por qué levantar muros? Construimos muros para evitar que otros se acerquen, y si usted no puede estar cerca, mata toda posibilidad de comunicación e intimidad. Los muros son malos.

Por el otro lado, *fijar límites* permite entrar a otros, pero con ciertos parámetros para su seguridad. Es una forma de mejorar la comunicación o la intimidad debido a que ayuda a otros a saber cómo relacionarse con usted y moverse en su dirección de la manera más efectiva.

Mentira # 2: Los límites son egoístas

Concedido, todos lucharemos con el egoísmo hasta que tengamos ambos pies dentro de la sepultura. El egoísmo significa que sea «todo para mí». El egoísmo causa excesiva preocupación por sí mismo y sus propias necesidades sin reparar en los demás. Reflexione sobre esta afirmación de las Escrituras: «Nada hagáis por contienda o por vanagloria, antes bien con humildad, estimando cada uno a los demás como superiores a él mismo; no mirando cada uno por lo suyo propio, sino cada cual también por lo de los otros» (Filipenses 2.3-4). Por el contrario, fijar límites *no* es egoísmo. Fijar límites solamente lo fuerza a tomar responsabilidad por sí mismo y sus propias necesidades, pero de ningún modo esto le pide que ignore las necesidades de los demás.

He aquí lo impactante: las personas que poseen un buen sentido de sus propios límites y cómo fijarlos están *más en contacto* con los límites de los otros. ¡Esto es cierto! Usted puede servir mejor a los demás cuando su propio sentido del bienestar está basado en Dios y en límites apropiados. Por supuesto, usted es libre de volver su atención hacia una igualmente apropiada interacción con los demás. Usted les sirve cuando respeta los límites que ellos fijaron.

Mentira # 3: Los límites son controladores y manipuladores

¿A usted no le gusta la conducta controladora y manipuladora? Entonces pruebe simplemente a fijar límites. La fijación sin temor de límites *libera* a las personas del control y la manipulación. Haga valer sus límites en sus relaciones y puede prescindir de la necesidad de control. Fije límites y puede dejar que otros tomen la responsabilidad por sus propias vidas.

Contrario a la mentira de que los límites son manipuladores, estos respetan las elecciones de los demás acerca de sus propias conductas. También el trazar límites hace más profunda la comprensión de que usted tiene la elección de permitir o no ciertas conductas dentro de una relación. Por ejemplo, si usted está hablando por teléfono con alguien que critica y dice improperios constantemente, y esa persona se niega a cambiar su conducta, usted cuelga. No hay nada de control en esto. Los límites impiden que otros lo manipulen.

Mentira # 4: Los límites son insensibles y rudos

Si usted ha estado viviendo con la creencia de que está bien hacer todo lo que usted quiera y cuando usted quiera porque es su vida, considere esto: ciertamente, nosotros afectamos a otros, y por lo tanto deberíamos estar siempre sensibles de qué manera afectan nuestras acciones las vidas de otras personas. Pero no podemos asumir la responsabilidad respecto a cómo se sienten los demás. Usted es responsable *hacia* otros, pero solamente es responsable *para* usted mismo. Hay una tremenda diferencia entre estas dos responsabilidades.

El clásico ejemplo es aquel cuando una de las parejas evita terminar con una relación porque él o ella temen lastimar los sentimientos de alguien. Si usted sabe que es tiempo de terminar con una relación, la cosa más amorosa y sensible que usted puede hacer es romper con ella. Usted es responsable de romper relaciones de una manera cuidadosa y compasiva, pero no es responsable por las reacciones emocionales de su pareja.

Y por otra parte, la naturaleza de un cese de relaciones es lastimar los sentimientos, esto es normal al experimentar una pérdida.

consecuencias por desobedecer este mandamiento

- Se sentirá usado y controlado por las personas con las cuales tiene citas.

- Se sentirá frustrado, confuso y enojado porque permite a otros que le dicten su entorno emocional.

- Sufrirá daño emocional y físico debido a que no trazó límites cuando llegó el momento de proteger su cuerpo.

beneficios por obedecer este mandamiento

- Podrá construir relaciones íntimas y sin embargo, mantener una saludable sensación de su propio ser.

- Se sentirá más seguro al tomar posesión de su cuerpo, emociones y pensamientos.

- Estará en control de su propio programa y de cómo usa su tiempo.

ayuda para usted que ha desobedecido este mandamiento

- Deje de tomar responsabilidades por la vida de los demás.

- Practique decir «no» a personas en las cuales puede confiar.

- Deje que otros hablen por sí mismos y no hable por los demás.

- Tome control de su programa y no permita que todo el mundo de vueltas alrededor de la persona con la cual está saliendo.

Sexto mandamiento

dejarás
las relaciones sexuales
para después

A comienzos de la década de los 60, los solteros fueron liberados «a hacerlo», a tener relaciones sexuales. Se produjo una transformación en la cual las normas de conducta tradicionales comenzaron a ceder ante una nueva cultura de libertad y experimentación. Para los solteros de esta cultura fue aceptable el tener relaciones sexuales extramatrimoniales. En la década de los 70, durante la era «disco», vivir las nuevas e incomplicadas libertades de los años 60, hacerlo con el que uno quisiera, parecía ser casi una práctica universal. Era una era del «sentirse bien», y las viejas cadenas del retraimiento social habían sido cortadas en favor del simple sentimiento del placer.

Pero en la década de los 80, las cosas se complicaron.

La gente seguía «haciéndolo», pero unas pocas letras como ETS (Enfermedades Transmitidas Sexualmente), SIDA o HIV comenzaron a asomarse ominosamente a la escena. De pronto el sexo libre tenía un precio exorbitante. Muchos rechazaron a los que decían que no y a los alarmistas como emisarios de la policía religiosa de la diversión, sumergiéndose todo lo posible en su «libre» expresión sexual. Pero las estadísticas crecieron y más y más solteros acumularon un inesperado bagaje en la forma de sífilis, gonorrea, chlamydia, herpes y una docena de modernas enfermedades transmitidas sexualmente. Peor aún, numerosos aventureros sexuales fueron tomados por sorpresa por el mortal virus del SIDA.

Verdaderamente complicado. El tren del hedonismo sin restricciones, golpeado, súbitamente dio marcha atrás. Los probadores del sexo descubrieron que la amenaza del SIDA tenía una divertida manera de aplicar los frenos rápidamente. Como no todos dejaron la indiscreción sexual, el pesimismo invadió numerosos escenarios sociales.

¡Pero gracias a Dios por los años 90! Ahora tenemos un salvador sexual cabalgando en la ciudad sobre un corcel blanco. Los educadores, los políticos y hasta algún clérigo se inclinaron para adorar a este curalotodo del incontrolable libido del país. Hizo su entrada el «mesías de látex», el condón.

El evangelio del «mesías de látex» prometió cambiar los complicados temas sexuales de los años 80. Una vez más, las relaciones sexuales son simples. El condón parecía ser el único camino para que los solteros pudiesen gozar de las emociones y escalofríos del sexo ilícito sin las desagradables consecuencias de enfermedades y bebés. Si puede darse crédito al antiguo U.S. Surgeon General (Ministro de Salud) Jocelyn Elders, decirle a los adolescentes que esperen hasta el matrimonio es imposible, estúpido y hasta aún quizás criminal.

En las pasadas tres décadas hemos perdido el trascendente significado del sexo. Hugh Hefner, la Dra. Ruth, Madonna y Howard Stern empujaron la envoltura del sexo al más bajo valor de todos los tiempos. No se ha hablado, escrito, estudiado, investigado y practicado más que el tema de las relaciones sexuales. Lo trágico es que las personas que han dedicado tal superatención a este tema tan sensible aún no tienen muchos indicios acerca de su verdadera naturaleza.

Puesto que Dios ha inventado las relaciones sexuales como primera medida, uno podría pensar que la iglesia debería tener algunas respuestas. Sin embargo, la línea básica generada desde los púlpitos es un simple: «no». Si usted es soltero, el plan de Dios para su vida sexual es simple: «Espera hasta que te cases. Yo sé que es difícil, pero es la ley».

¿A quién hay que escuchar, a nuestra sociedad principal, la cual dice: «Tengan relaciones sexuales, pero tengan la precaución de llevar un condón» o a la iglesia, que dice: «No, esperen hasta que estén casados»?

Obviamente creemos que usted debería dejar las relaciones sexuales para después, más específicamente, para el matrimonio. Pero si usted ha crecido igual que nosotros, necesita saber por qué. Si la abstinencia es la elección correcta e inteligente, ¿por qué parece que todos mantienen relaciones sexuales? ¿Son los Estados Unidos realmente los ingenuos? De todas formas, ¿por qué debería esperar uno? ¿Existe una razón positiva para dejar las relaciones sexuales para el matrimonio?

En este capítulo usted descubrirá por qué tantos solteros prueban las corrientes sexuales, por qué debería usted dejar las relaciones sexuales para el matrimonio y cómo fijar claros límites sexuales.

¿POR QUÉ TANTOS SOLTEROS TIENEN RELACIONES SEXUALES?

¿Por qué, aparte del hecho que uno se siente tan bien manteniendo relaciones sexuales, tantos solteros tienen relaciones en este tiempo donde el riesgo es más grande que nunca? Creemos que la mayoría de las personas lo hacen en la actualidad porque han adoptado los «siete errores crasos del mundo sexual»:

1. Todo lo que necesitas es un condón.

2. Lo tienes para eso.

3. Las relaciones sexuales son iguales que la intimidad.

4. Si estás enamorado, está bien.

5. Debes probar las cosas.

6. Solamente es algo físico.

7. Todo el mundo lo hace.

1. Todo lo que necesitas es un condón

Si tú quieres tener relaciones sexuales seguras, lo cual significa que no quieres morir o producir un bebé, el evangelio del sexo de los años 90 dice átate al «mesías de látex» y no te preocupes más. ¡Qué error más colosal! Indicamos algunos hechos acerca de los condones:

Los condones fallan por lo menos un diez por ciento en prevenir los embarazos. Estudios múltiples efectuados a parejas monógamas usando un condón durante cualquier acto sexual durante seis a doce meses demostró que *el porcentaje de fallas del condón es de por lo menos un diez por ciento, y aun más.* Esto es para parejas participando en un estudio científico en el cual usaron condones cada vez que tuvieron relaciones sexuales. En el mundo normal, la gente tiende a ser menos cuidadosa.[1]

En ese estudio, el diez por ciento de las mujeres quedaron embarazadas aun a pesar de usar un condón cada vez que tuvieron relaciones. ¿Qué es lo que alarma tanto en esta estadística? ¡Que las mujeres son fértiles solamente unos pocos días al mes! Durante el lapso de fertilidad de las mujeres cada mes, el cual es de solamente alrededor de cinco días, los condones fallaron un diez por ciento. ¿Qué pasaría si una mujer pudiera quedar embarazada *cada día* del mes? La falla mínima del diez por ciento se aplicaría al embarazo, el cual podría ocurrir los veinticinco días restantes.

Los condones fallan más *del diez por ciento en prevenir las ETS.* ¿Usted conoce a alguien que voluntariamente quisiera poner una bala en el tambor de un revólver, hacerlo girar, colocar el cañón del arma en su boca y luego apretar el gatillo? La sola idea de ser tan despreciativo con la vida es extraña y espantosa.

---

1. John Harris, notas de la presentación del seminario *¿Por qué esperar?*, Cruzada por Cristo, marzo de 1991.

Tome nota de esto: mientras que las posibilidades de contraer HIV o alguna otra ETS son más de 1 en 6 (igual que la ruleta rusa), *no son tan malas*. Basado en las fallas de los condones para evitar el embarazo, sus posibilidades de su ruleta sexual con el condón son de 1 en 10. El problema es que el HIV, a diferencia del embarazo, puede golpear cada día del mes. ¿Si los condones fallan un diez por ciento durante el tiempo del peligro de embarazo, cuántas veces deben fallar, y lo hacen, en el HIV, donde infectarse es posible todos los días, todo el tiempo?

¿Es esto solamente una táctica del temor, manipulando las estadísticas para motivarlo a la abstinencia? No. Investigue los hechos usted mismo. Las cifras pueden variar de estudio en estudio, pero hoy en día ninguna autoridad médica discute el hecho de que el verdadero sexo seguro es *imposible* salvo con la abstinencia. Entender acerca de condones y su fabricación química es comprender porqué estas no son cifras manipuladoras.

Los condones son imperfectos. Los condones están hechos de polímeros de goma que tienen orificios y rasgones en cada muestra del material de goma. ¿Son comunes los orificios y rasgones en la goma? No, pero cuando se habla del HIV o de otras ETS, ¿quién quiere arriesgarse? Tome las imperfecciones de la goma y añada a la cuenta la naturaleza física de la actividad sexual. Aún si un condón no falla por sí mismo, las ásperas experiencias entre la pareja pueden estirar y deformar los polímeros de goma, permitiendo pasar el fluido.

Esta no es la estadística más seria acerca del HIV y los condones. Recuerde que parejas que son cien por ciento seguros de usar condones mientras hacen el amor descubren que en un período de seis a doce meses la mujer puede quedar embarazada el diez por ciento de ese tiempo. Esto es para el embarazo, pues las estadísticas son peores para la infección del HIV. No solamente el virus del HIV es capaz de infectar los treinta días del mes, diferente a la capacidad de concebir de la mujer, sino que además, *el virus del HIV es más pequeño que los poros* normales *en la goma látex de los condones.*

La estructura molecular de los polímeros de goma, como todo material, tiene poros microscópicos. El tamaño de los poros en el material de goma es de .5 micrones. Mientras que un material de esta densidad es suficiente para evitar que pase la esperma, el virus del HIV tiene solamente .1 micrón, cincuenta veces más pequeño que el tamaño de los poros del condón. Es fácil para el condón evitar el pase de algunos fluidos de una pareja a la otra, pero es difícil prevenir el pase del virus del HIV. Por esto es que los funcionarios del Centro de Control de Enfermedades en Atlanta y de la Organización Mundial de la Salud están tan profundamente preocupados respecto a la epidemia del SIDA. Ellos saben que los condones simplemente no pueden prevenir la dispersión del SIDA.[2]

Los condones no se adaptan a su mente, corazón y alma. Decir a la gente que usar un condón los protegerá de los peligros de las relaciones sexuales es como decirle a alguien que se ponga un par de guantes de asbesto y luego se pare por unos momentos dentro de un infernal horno. Pueda que las manos no se quemen, pero el cabello y la carne se cocinarán. De igual manera, puede que usted no se queme con un embarazo, una EST o el SIDA, pero el látex no podrá prevenir la quemadura mental, emocional y espiritual dejada por el acto sexual.

Su sexualidad involucra la totalidad de quién es usted y la totalidad de su pareja. Usted puede elegir bloquear su mente o su corazón o su alma durante el acto sexual, pero los aspectos del vínculo (y consiguientes efectos desgarrantes cuando la relación termina) pueden deslizarse «por debajo del radar». Usted puede no percatarse conscientemente de que el vínculo está ocurriendo, pero el condón, que ofrece cierto grado de protección del embarazo y de ETS, no ofrece ni una pizca de protección para su alma.

2. Lo tienes para eso

Hágame el favor. El argumento que compara el impulso sexual con el hambre es cómico. Algunas personas creen que ellos

2. *Ibid.*

explotarán si no efectúan el acto sexual que necesitan. Es como pensar que no poseen control sobre sus deseos. Por el contrario, usted tiene los dos controles decisivos sobre sus impulsos sexuales y su responsabilidad ante Dios de un compromiso de pureza. Qué tragedia decirle a los niños y a los adultos solteros que parecen perros en celo, más que seres humanos hechos a la semejanza de Dios, con la capacidad de ejercitar su libre albedrío.

Sus órganos sexuales no lo controlan. Más bien, usted los controla a ellos. Déjeme ilustrarle cómo posee usted un control decisivo sobre sus órganos sexuales: imagínese que consigue una cita con la persona más atractiva del sexo opuesto. Van a cenar a un lindo restaurante y los dos «están en tema», «enamorados», etc. Saltan las chispas, y usted sabe que hizo una conexión. Usted vuelve a la realidad para ver una película. Entonces, repentinamente, esta cita de su fantasía comienza a volver en su imaginación. Soplándole en el oído, besándole su cuello, creo que me entiende. Adelantando algunos cuadros, usted se ve a sí mismo desnudo sobre el piso, jadeando con pasión, al borde del acto sexual, cuando él o ella se aparta repentinamente y dice: «Espera un momento, me olvidé de decirte algo... yo soy HIV positivo. Pero mira, tengo un condón que podemos usar».

¡Oh! ¿Y ahora qué? ¿Está usted tan desvalidamente inflamado de pasión como para que diga sin aliento: «No puedo controlarme. Sigamos adelante, probemos el condón y simplemente crucemos los dedos». ¡No lo *creo*! Creo que de pronto usted descubre un *instantáneo* autocontrol. Usted sentirá probablemente que su amante fantástico extrajo un arma y amenazó su vida. En esa situación, el impulso de tener relaciones sexuales no sobrepasó su deseo de salvar su propia vida. La verdad es que *tenemos* autocontrol, es solamente un problema de querer usarlo.

3. Las relaciones sexuales son iguales que la intimidad

Nos afecta mucho cuando escuchamos a seudo consejeros y parejas de novios definir las relaciones íntimas como «dos personas sexualmente activas». El *Webster's Collegiate Dictionary* [Diccionario colegiado Webster] define la intimidad como una relación cercana y personal, marcada por el afecto, el amor, el conocimiento del carácter de cada uno, de su naturaleza esencial o su ser más interno. Si el acto sexual es igual a la intimidad, entonces usted puede llamar esta noche a una prostituta, tener relaciones y ¡YA!, usted estaría en la intimidad.

Muchas veces las relaciones sexuales fuera del matrimonio reducen la intimidad en lugar de construirla. Usted me dice: «Pero no, yo siento intimidad con mi amante». Quizás. El acto sexual fuera del matrimonio crea un cierto tipo de intimidad, pero la experiencia de ese vínculo es solamente una *seudointimidad*. A veces el nivel de las relaciones sexuales apasionadas está en proporción a la salud o estabilidad de la relación. En otras palabras, es una forma de mantener viva la relación cuando parece estar amenazada en todos los otros campos. Puede que sea la única forma de mantener unida una relación cuando en realidad se está desmoronando.

La verdadera intimidad requiere un duro trabajo, sinceridad, autorevelación mutua y compromiso. Y también tiempo. Reportajes recientes en los medios de comunicación acerca de profundos estudios respecto a la sexualidad de los estadounidenses descubrieron esto: Las parejas casadas hace muchos años registran el más alto nivel de intimidad, felicidad y sexualidad dinámica. ¿Por qué? Porque el trato verdadero requiere trabajo y tiempo, y los frutos de esta verdadera intimidad son más admirables e indescriptibles que el placer obtenido por el mejor atleta de dormitorio en un indiferente acto sexual.

4. Si estás enamorado, está bien

Las lágrimas se deslizaban por las mejillas de una soltera de veinticinco años que cayó en la trampa más antigua del mundo y perdió su virginidad. Ella dijo: «Íbamos a casarnos. Estábamos viendo casas. Estuve esperando todo el tiempo por alguien especial y por el matrimonio. Ahora se ha perdido todo».

Algunas personas creen que si usted está de novio con alguien por uno o dos años, y está enamorado, y el matrimonio es una posibilidad futura, entonces está bien tener relaciones sexuales. Los hombres balancean la zanahoria del matrimonio delante de las mujeres como para atraerlas hasta la cama. ¿Cuántas mujeres derramaron lágrimas cuando era demasiado tarde y ya habían cedido a sus impulsos y a las mentiras? Si alguien la ama realmente, la respetará lo suficiente como para esperarla. El verdadero amor es un compromiso incondicional para una persona imperfecta. El verdadero amor es santificado ante el altar, delante de Dios y es testigo de los votos sagrados. Solamente después del matrimonio usted puede decir: «Estoy enamorada, está bien». Sin el solemne compromiso del uno hacia el otro, sin la sanción de Dios, las relaciones sexuales nunca están bien. Con el compromiso de por vida y la sanción de Dios, ¡la relación sexual es algo maravilloso, un regalo increíble para ser celebrado!

5. Debes probar las cosas

Algunos novios aparentemente pragmáticos creen en un «paseo de prueba» antes de comprar el automóvil. Este craso error dice: Estupendas relaciones sexuales = estupenda relación = matrimonio feliz. Si la otra pareja es sexualmente incompatible o no puede tener un buen rendimiento en la cama, entonces el «conductor de pruebas» dice *adiós*.

Muchas parejas se asombran al descubrir que lo que una vez encendió sexualmente su noviazgo no funciona tan bien dentro del contexto del matrimonio. Mucho del atractivo del acto sexual fuera del matrimonio está basado en la pasión, el erotismo, y lo prohibido. Aun cuando muchas personas no conocen explícitamente el punto de vista de Dios acerca del acto sexual como algo que debe ser reservado para el matrimonio, la mayoría de ellas sienten que hay algo que no está bien, o por lo menos no es correcto, en lo que se refiere al acto sexual extramarital. Esto le da al acto sexual un atractivo, una excitación, un elemento de riesgo y peligrosidad. Si se agregan estos elementos a la experiencia en sí, por supuesto que las parejas tendrán un sentimiento de placer que bombea adrenalina y hace latir el corazón. Otra explicación frecuentemente pasada por alto acerca del acto sexual maravilloso es el hecho de que la pareja no tiene más que eso en su relación.

¿Sabe qué? Cuando usted se casa, la reconocida sanción del matrimonio quita el viejo atractivo, la excitación y el riesgo de un acto sexual prohibido. Usted se había acostumbrado tanto al impulso de la adrenalina y al riesgo de la variedad «prohibida», ¡que el acto sexual «legal» que ahora tiene en el matrimonio le parece aburrido! Créame, esto es verdad. Hemos dado consejería a docenas de parejas casadas que ahora luchan para mantener la excitación en su vida sexual de casados porque la emoción de lo peligroso que tenían se ha ido.

El acto sexual máximo, la admirable marca de la sexualidad de Dios, está basada en una verdadera intimidad de relaciones, no en emociones ilícitas. La verdadera intimidad no viene de robar ahora lo que está reservado para después (matrimonio), sino de una fuente de cosas similares no sexuales: tiempo, respeto, honor, compromiso y afecto. Cuando las relaciones sexuales están basadas en esas cosas, es infinitamente más satisfactorio y excitante que los fugaces momentos del acto sexual «rebelde». Además, está libre de culpa.

6. Solamente es algo físico

En la película *Indecent Proposal* [Propuesta indecorosa], un millonario ofrece a la esposa de otro hombre un millón de dólares por pasar una noche con él. La pareja necesitaba el dinero desesperadamente y mientras discutían el asunto, la esposa se volvió hacia su marido y le dijo: «Yo solamente le voy a dar mi cuerpo, no mi alma». ¡Qué mentira! El acto sexual es algo físico, pero preeminentemente es algo del *alma*. El acto sexual conecta su alma a la de la otra persona igual que un superpegamento. Cuando los dos amantes separan sus caminos, hay un desgarramiento y rompimiento de almas. Cada vez que tenga relaciones sexuales y luego rompa el vínculo o se vuelva a la próxima persona, una parte de su alma se desprende y permanece con su amante anterior.

Trate de hacer este experimento. Vaya a la cocina y abra la puerta del congelador. Introduzca su cabeza dentro del congelador y toque con su lengua la cubierta metálica. Manténgala así por un minuto, luego tire rápido de ella. Yo casi le puedo garantizar que parte de su lengua permanecerá en el congelador junto al helado y a los guisantes congelados. Igualmente usted no puede entrar en una unión sexual sin dispensar una parte de su alma y dejarla dentro de la otra persona. No acepte la mentira de *Indecent Proposal*. Deje de fusionar su alma con el alma de otro al creer que la relación sexual es puramente física. No lo es.

7. *Todo el mundo lo hace*

Concedido, todos somos susceptibles a la presión de los pares y puede ser realmente difícil ir contra la corriente. Cuando nuestros amigos y toda la cultura nos ve como unos desorientados, tontos irremediables o simplemente ineptos, estamos tentados a verificar la tan promocionada belleza del sexo.

¡Parecería como que todo el mundo lo está haciendo! Desde los carteles de publicidad de Calvin Klein e incontables artículos de revistas hasta *Friends* y *Melrose Place*, los solteros están teniendo relaciones sexuales. Debido a que estamos tan saturados por los medios de comunicación y el zumbido de nuestros compañeros de trabajo acerca de quién está haciendo qué con quién, la legitimidad de las relaciones sexuales extramaritales parece confirmarse adonde quiera que se mire.

Mientras la cultura popular resalta el encanto de las relaciones sexuales, no muestra lo carnal de las uniones casuales. Podrá ser duro nadar en contra de la corriente, y podrá parecer formidable nadar dentro de la tendencia general pero los resultados son perjudiciales. «Todos lo hacen» tiene como único resultado una escalada en las ETS, corazones destrozados, rotura de matrimonios, bebés que no se quieren, sin mencionar el inmenso dolor moral.

RELACIONES SEXUALES A UN NIVEL MÁS PROFUNDO

Si de adolescente alguna vez usted leyó un libro acerca de la abstinencia o escuchó un sermón de los «peligros de las relaciones sexuales prematrimoniales», probablemente recordará algunos de los crasos errores arriba mencionados. Bueno, veamos ahora las relaciones sexuales a un nivel más profundo y las raíces que sostienen estos errores sexuales.

La manera como expresa usted su sexualidad y deseos sexuales es afectada grandemente por su religión y su visión del mundo. Si usted es un evolucionista Darwiniano, la libertad sexual desenfrenada se entiende perfectamente. ¿Por qué? Porque simplemente somos monos desnudos. Algo sofisticados y educados, pero básicamente somos monos desnudos. Si usted tiene un deseo sexual por alguien, entonces ese deseo, igual que el hambre, debe ser satisfecho. No es de extrañar que los adolescentes, los adultos solteros y los adultos casados participen en actos sexuales ilícitos, pues toda la vida se les dijo que no eran más que animales. Lamentablemente, millones de estadounidenses están viviendo las lógicas implicaciones de la evolución de Darwin en sus experiencias sexuales.

Pero, si usted es un cristiano o está con la visión del mundo teísta, entonces cree en el concepto de la ley moral y de un dador de leyes morales. Dado que este dador de leyes morales, Dios, destaca claramente que usted debe esperar hasta estar casado para tener relaciones sexuales, usted tendrá que hacer una elección. Usted puede obedecer o desobedecer este mandamiento.

¿Por qué se involucran en el acto sexual prematrimonial tantos cristianos y solteros teístas cuando saben que es una clara violación de la ley de Dios? En un nivel inconsciente, ellos creen que las relaciones sexuales ahora son mejores que después. Creen que satisfacer sus deseos sexuales ahora los beneficiará más que esperar hasta que se casen.

La fe involucra la práctica de la gratificación demorada. La fe sexual es la creencia que el plan de Dios de practicar temporalmente el celibato hasta llegar al matrimonio traerá máximos resultados. Actualmente el acto sexual es la creencia en una inmediata gratificación. Es la creencia de que el ídolo del bienestar de las relaciones sexuales traerá ahora más placer y satisfacción que si esperamos. No discutimos que el acto sexual ahora *proporciona* placer, pero a la larga el placer momentáneo se desvanece en un dolor y pena duraderas.

Con optimismo, esta es una mejor manera de exponer la línea de conducta usual de la iglesia del «no lo haga». Pero aguarde, aún no hemos terminado. Hay una significativa y positiva razón para adherirse a esta ley de dejar las relaciones sexuales para después.

POR QUÉ USTED DEBERÍA DEJAR LAS RELACIONES SEXUALES PARA DESPUÉS

Nunca olvidaré una llamada telefónica que recibí de una mujer joven, soltera y enojada llamada Nikki. Yo había hablado acerca del porqué el acto sexual antes del matrimonio no solo era un error sino también una elección estúpida.

«Usted no puede desalentar a las personas que desean tener relaciones sexuales. Usted debe enseñar a las personas a tener relaciones sexuales seguras y tenerlas con alguien a quien aman. Yo creo que este es todo el problema», declaró ella en un tono defensivo. Luego de calmarla y explicarle las razones de mi declaración, vi que su resolución comenzaba a quebrarse y finalmente ella se abrió para revelar el verdadero problema que estaba ocultando.

«El acto sexual es mi adicción y lucho con la intimidad. Siento que la única manera en que puedo conseguirla es a través de una noche de relaciones sexuales. Va contra mis creencias pero no puedo parar de hacerlo. Es como una droga. Asusta, créame, realmente asusta. Sollozó y luego colgó el teléfono.

Muchos solteros son iguales a Nikki en muchas maneras. Puede que no sean adictos a las relaciones sexuales, pero continúan teniéndolas con temor, en un deseo vehemente de intimidad, aunque saben que va contra sus creencias. La razón por la cual ellos continúan teniendo relaciones sexuales a despecho del vacío, peligro y soledad, es porque no ven una razón de importancia para esperar. Contrariamente a la corriente general de la enseñanza acerca de las relaciones sexuales de que las mismas le harán sentirse bien, estas realmente causan que nos sintamos mal respecto a nosotros mismos, destruyendo nuestra autoestima, autorespeto y atormentándonos con culpa y desilusión.

Carolyn See, en su artículo en la revista «Cosmopolitan» titulado *The New Chastity* [La nueva castidad], declara lo siguiente:

> ¿Qué significa todo esto de la discusión de la nueva castidad? Yo creo que significa que a pesar de la píldora, el aborto legalizado y la libertad económica, nuestros cuerpos están tratando de decirnos algo: que no quieren necesariamente ser empujados de un lado para el otro como equipaje perdido en un viaje por avión alrededor del mundo. Por esto, quizás, luego de pasar una buena noche ... con un tipo que parece un artista de cine ... usted sale a la cocina para hacer café, y algo, en algún lugar de su cuerpo siente que si pudiese llorar, lloraría. No son sus genitales que se sienten mal, ni siquiera es su corazón. Es en la cercanía de sus pulmones, su plexo solar, donde algunas religiones orientales sugieren que reside el alma. En otras palabras, las relaciones sexuales recreativas no son un alimento para el alma.[3]

Ella continúa y formula la pregunta: «Se supone que las relaciones sexuales son divertidas, liberan ... sin embargo demasiadas parejas pueden a veces hacerle sentir a uno desconsuelo e insatisfacción. ¿Por qué demasiadas mujeres jóvenes repentinamente juran dejar las "relaciones sexuales chatarra"?» La respuesta es que han encontrado un mejor alimento para la integridad de su alma.

Tomar la decisión de dejar las relaciones sexuales para después, es alimento para su alma. Es la elección de volver a ser íntegro. Cuando usted se emborracha con «sexo chatarra», simplemente se dispersa a sí mismo sexualmente. Usted se degrada a sí mismo, a la persona que está con usted y al acto sexual en sí.

---

3. Carolyn See, «Cosmopolitan», *The New Chastity* [La nueva castidad], Noviembre de 1985, 382.

Rick Stedman en su excelente libro *Pure Joy-The Positive Side of Single Sexuality*, [Gozo puro, el lado positivo del soltero sexualmente puro], dice que la integridad puede conseguirse solamente practicando lo que él llama «el celibato temporal»: «El celibato sexual es la decisión de que la sexualidad es de valor y la persona es especial. En el celibato, los adultos solteros están manifestando a través de sus actos "yo no voy a reducir mi sexualidad a un regalo barato. No voy a fingir que no es importante o es insignificante. Es valiosa y yo soy valioso. Voy a declarar mi valor y que soy digno apartándome hasta el matrimonio"».[4]

Su premisa es que dejando las relaciones sexuales para después, practicando el «celibato temporal», aumenta el sentido de su propio valor y dignidad. Dejar las relaciones sexuales para después tiene beneficios emocionales y espirituales. Cuando lo hace así, usted gana un sentido de pureza y paz interior. No necesita sentirse dispersado o preocupado, sino entero. No necesita tener más el sentimiento barato de ser usado y la ansiedad de que pueda perder su relación si no responde sexualmente.

Las buenas noticias son que usted puede elegir decir no a las insalubres «relaciones sexuales chatarra» y sí a la integridad. Cuanto más valor le da a su cuerpo y a su sexualidad al esperar, mayor paz e integridad experimentará. Por muchos años hemos mirado al celibato como algo negativo. Cambiemos esta opinión. El valor escondido de esperar hasta estar casados para tener relaciones sexuales es la paz personal, la integridad y el gozo que experimentará al tomar esa decisión. Si usted es virgen, celebre su integridad. Celebre el hecho de que usted es apreciada y atesorada. Celebre el valor y la dignidad que usted posee debido a su sana elección. Si usted ha estado sexualmente activa, únase al club de las vírgenes nacidas de nuevo. Tómese un descanso sexual temporal y observe que recuperará un sentimiento de dignidad. Usted puede sentir que esto es imposible, igual que

---

4. Rick Stedman, *Pure Joy-The Positive Side of Single Sexuality* [Gozo puro, el lado positivo del soltero sexualmente puro], Moody Press, Chicago, 1993, pp. 59-60.

querer ir para atrás en su bicicleta, pero no lo es. Trabajamos con cientos de solteros sexualmente activos que hicieron el compromiso de dejar las relaciones sexuales para después y vimos cómo Dios restauró lo que ellos jamás podrían haber recuperado.

Siguiendo esta ley de las relaciones nutrirá su alma con integridad. Con el correr del tiempo, aumentará su autoestima y valor. Será capaz de dormir en paz y no preocuparse más por lo que hizo la noche anterior.

¿CÓMO DEJAR LAS RELACIONES SEXUALES PARA DESPUÉS ? (PARECE IMPOSIBLE...)

Quizás usted estará pensando ahora mismo: «Bueno, basta de información, estoy de acuerdo con usted. Muéstreme ahora cómo debo hacerlo en mi vida». Usted tiene razón. Pero una cosa es estar de acuerdo en que dejar el acto sexual para después es la mejor elección, la saludable elección, y otra hacerlo en la vida real, especialmente si ha estado acostándose en todas partes en el pasado. Los próximos cuatro pasos le ayudarán a plegarse a este mandamiento:

Paso 1: Celebre la integridad

Hay poder en la pureza. Usted está haciendo la mejor elección al dejar las relaciones sexuales para después. Usted está nutriendo su mente y su cuerpo con saludable alimento del alma. Qué bueno es no tener que preocuparse respecto al efecto de la Coca Cola de dieta. Cuando usted toma una Coca Cola de dieta, parece igual que la normal, se siente igual que la normal y gusta igual que la normal por un tiempo. Pronto el resaborear le gritará a su boca: «Este no es la normal».

Lo mismo ocurre con las relaciones sexuales. El resaborear le dirá: «Este no es el normal». El resaborear involucra sentimientos de culpa, vergüenza y duda.

Cuando usted es íntegro, no deberá preocuparse por el resaborear porque no existe. No experimentará los sentimientos de ser dispersado y desconectado porque usted se siente completo.

No sea un vago por eso. Celébrelo. Celebre el valor de tenerse a sí mismo, a Dios y a los demás. Celebre el poder que usted siente al decir no a la gratificación instantánea y sí a la pospuesta.

Conocemos a muchos solteros que están desbordantes de gozo por su decisión de elegir la integridad. Rick, luego de acostarse por todos lados durante nueve años, reconoció finalmente el valor del celibato y de dejar las relaciones sexuales para después. Dice que su conciencia está limpia y su vida está nuevamente en orden luego de cuatro años de «celibato temporal».

El primer paso en dejar las relaciones sexuales para después es darse cuenta de que está haciendo la mejor elección y luego, celebrar esa elección.

Paso 2: Reciba el perdón

Es difícil celebrar la integridad si no se siente perdonado. Todos necesitamos sanidad en la arena sexual.

Una de las más poderosas maneras de experimentar verdadero perdón es observar cómo Jesucristo trató a las personas que habían sido atrapadas en la telaraña de la promiscuidad sexual.

Cuando Él se encontró en el pozo con una mujer que había sido divorciada cuatro veces y estaba ahora viviendo con alguien, Él no la condenó. Tampoco condenó sus acciones, en vez de ello le reveló dónde encontrar el agua viva.

Cuando algunos fundamentalistas religiosos atraparon a una mujer en el momento del adulterio y la llevaron desnuda por las sucias calles para apedrearla hasta darle muerte, Jesús no se les unió. En su lugar, Él se detuvo, y dibujó en la arena, antes de levantar la cabeza, para decir: «El que de vosotros esté sin pecado sea el primero en arrojar la piedra contra ella» (Juan 8.7). Todos se echaron para atrás, dejando a Jesús con la asustada mujer. Él dijo: «Mujer, ¿dónde están los que te acusaban? ... Ni yo te condeno; vete y no peques más» (vv. 10-11).

Cuando una prostituta derramó su perfume sobre los pies de Jesús mientras cenaba en casa de un fariseo, ¿qué hizo Él? La perdonó y le dijo a la gente que la juzgaba: «Por lo cual te digo que sus muchos pecados le son perdonados porque amó mucho; mas aquel a quien se le perdona poco, poco ama » (véase Lucas 7.36-48).

Usted puede sentir el mismo tipo de perdón al primer reconocimiento de haberlo echado todo a perder. Simplemente dígale a Dios cómo se siente respecto a su pasado sexual. Confiese cuánto se devaluó usted mismo al dispersarse sexualmente. Reciba su perdón. Si el Dios que lo creó y puso valores en usted, dice: «Estás perdonado, eres íntegro», entonces, ¿por qué debes temer o sentir pavor?

Cuanto más tiempo practique dejar las relaciones sexuales para después y renovar su mente con el perdón de Dios, más se sentirá perdonado. Frecuentemente lleva tiempo para nuestros corazones y emociones alcanzar lo que nuestras mentes saben que es verdadero. Celebrar la integridad y recibir el perdón son los dos pasos iniciales en este proceso.

Paso 3: Fije límites claros

La manera más efectiva de mantener su integridad y pureza es fijar límites claros.

Luego de haber sido quemado por algunos de los crasos errores sexuales, Paul decide hacer las cosas esta vez en forma diferente. En el pasado mantuvo relaciones sexuales con cada chica con la que salía, que lo dejó con un sentimiento de vacío y arruinó sus relaciones.

Como una resolución, se hizo el propósito de no acostarse nunca más con otra mujer hasta que no se casara. Al tomar esta decisión antes de entrar en la relación, él mismo se puso como triunfador. Cuando encontró a la mujer de sus sueños, le dijo acerca de su compromiso de dejar las relaciones sexuales para el matrimonio. Cuando su relación pasó la etapa de la amistad solamente, se sentaron juntos y escribieron el compromiso de mantener su pureza. Escribieron en detalle los límites de sus contactos físicos. Hoy Paul y Stephanie están felizmente casados y bendecidos porque mantuvieron sus valores e integridad personal.

Paso 4: *Permanezca relacionado*

Es casi imposible mantener su compromiso de pureza sin la ayuda de sus amigos. El tener un grupo de amigos del mismo sexo con el cual pueda encontrarse por lo menos dos veces al mes hará en su vida una diferencia radical. Les da la oportunidad de alentarse unos a otros, confesar sus debilidades y ser simplemente ustedes mismos.

¡No podemos poner el suficiente énfasis en la importancia de estar agrupado! No podemos enfrentar las exigencias de nuestras vidas sin el apoyo de amigos con los cuales nos encontramos regularmente. Dentro de este arreglo, usted es libre de formular cualquier pregunta, libre de estar en silencio, libre de encolerizarse.

Permanecer relacionado con un grupo de amigos le dará el apoyo necesario para mantener su compromiso de dejar las relaciones sexuales para después. Demasiadas veces usted podrá haber sentido que era la única persona que luchaba con la tentación sexual. El aislamiento lo hace sentir culpable, avergonzado e indefenso. Si usted tiene un grupo de amigos, aun solamente una o dos personas, donde pueda sincerarse, encontrará que cada uno tiende a luchar con las mismas cosas.

Utilice el método de los cuatro pasos para dejar las relaciones sexuales para después. Celebre su integridad. Reciba el perdón. Fije límites. Permanezca relacionado.

CONSECUENCIAS POR DESOBEDECER este mandamiento

- Se arriesga a contraer una EST o quedar embarazada.

- Experimentará una momentánea gratificación, seguida de intensos sentimientos de culpa, vergüenza y remordimiento.

- Sacrificará el sentimiento de integridad y pureza que Dios desea para usted.

- Degradará la experiencia del acto sexual como está previsto una vez que esté con su futuro esposo o esposa.

Beneficios por obedecer este mandamiento

- Experimentará una máxima integridad y un saludable sentimiento de autorespeto.

- Tendrá relaciones más saludables y satisfactorias basadas en fundamentos que perduran.

- Gozará de las relaciones sexuales dentro del matrimonio de la forma en que Dios quiere que sean.

Ayuda para usted que ha desobedecido este mandamiento

- Haga el compromiso de ser una «virgen nacida de nuevo» y deje las relaciones sexuales hasta que esté casada.

- Confiese sus errores pasados y reciba la gracia y el perdón de Dios.

- Fije límites claros para la intimidad física antes de verse involucrado en otra relación.

Séptimo mandamiento

no jugarás
a estar casado

Hace poco, yo (Ben) estaba comprando espejuelos nuevos y la vendedora me preguntó acerca de mi vocación. Inmediatamente el dueño del negocio y varios clientes me rodearon haciéndome preguntas acerca de mi vida, mi matrimonio y el noviazgo. Una clienta, una mujer de veintiséis años comenzó a contarme un poco de su vida y mencionó que estaba divorciada. Luego de escuchar su historia, le pregunté:

—Habiéndose casado y divorciado, si tuviese que hacerlo otra vez, ¿qué haría distinto?

Sin titubear replicó.

—Viviría junto a él antes de considerar siquiera el matrimonio.

—¿Está usted segura? —le dije.

—Sí, con toda certeza —respondió sin titubear y añadió—. Si tuviese la posibilidad de volverlo a hacer, definitivamente viviría junto a mi futuro marido.

De acuerdo a recientes encuestas, su punto de vista representa la opinión de la mayoría de los solteros en los Estados Unidos. Una encuesta de NBC News descubrió que el sesenta y seis por ciento de los jóvenes entre dieciocho y treinta y dos años creen que primero deben vivir juntos antes de casarse.[1] La cantidad de parejas que viven juntos se ha incrementado de 523,000 en 1970 a las 3.7 millones en nuestros días que están jugando a los casados, esposados fuera del matrimonio. El cuarenta y cinco por ciento de todas las mujeres en los Estados Unidos entre los veinticinco y treinta y cuatro años han vivido una vez con alguien.[2]

LA LÓGICA DE VIVIR JUNTOS: EL PASEO DE PRUEBA

La lógica de vivir juntos suena bien en la superficie. Algunos lo comparan con la compra de un automóvil. Imagínese comprando un automóvil nuevo mañana. Usted va a un concesionario, ve este precioso automóvil y piensa: «¡Este es!» La apariencia, los accesorios, y el precio, todo parece perfecto, y usted ha perdido la cabeza. Sin más preámbulos usted le dice al vendedor: «¡Me lo llevo!»

¿Es así en realidad? ¡De ninguna manera! Primeramente usted quiere hacer con este «perfecto automóvil» un paseo de prueba. Esta es la lógica de vivir juntos. Si usted está por pasar el resto de su vida con esta persona, seguramente que usted primero querrá vivir juntos, jugar a los casados y ver si son compatibles o no. Millones de solteros creen que vivir juntos permite ver cómo es verdaderamente su pareja antes de casarse. Esto le permite hacer una decisión más informada.

¿POR QUÉ VIVEN JUNTAS LAS PERSONAS?

¿Así enseña la verdad la teoría del paseo de prueba? ¿El vivir juntos lo prepara mejor para el matrimonio que el no vivir juntos? ¿Cuándo es el mejor momento en la relación para vivir juntos?

1. Revista *Spin*/NBC News Poll, 1996.
2. Rosanne Rosen, *The Living Together Trap* [La trampa de vivir juntos], New Horizon Press, Far Hills, NJ, 1993, p. 2.

Yo soy una persona inquisitiva. Me encanta saber por qué. Por muchos años he investigado esta sola pregunta: ¿Por qué viven juntas tantas parejas? He aquí un breve resumen de algunas de las llamadas razones que recibí de las parejas que cohabitan:

1. *El amor* - Algunos dicen: «Bueno estamos viviendo juntos porque queremos conocernos mejor. Estuvimos de novios por un tiempo, queremos ahora pasar al siguiente nivel, por eso nos hemos juntado». Otros afirman: «Vivimos juntos porque nos amamos. Realmente nos amamos. Tengo tanto amor para dar, tanto amor para compartir. Todo se relaciona con el amor».

2. *La finanzas* - Si me diesen diez centavos por cada pareja que me dice que viven juntos para ahorrar dinero, sería millonario. Su razonamiento es algo como esto: «Simplemente tiene sentido financieramente el vivir juntos. Este tipo de arreglo nos ayuda a pagar las cuentas y ahorrar algo de efectivo para nuestro futuro».

3. *La práctica* - Otras parejas creen que vivir juntos es una buena práctica para la vida real. Dicen: «Algún día *nos casaremos*». Su lema es: «La práctica lleva a la perfección». Conozco a una joven que ha estado viviendo junto con su novio por más de nueve años. Sí, así es, *nueve años*. Usted podría pensar que ojalá haya madurado cansada de practicar y que quiera entrar al verdadero juego.

4. *El compromiso* - En esta época, usted sería considerado algo raro si *no* estuviese viviendo con su futura esposa. Manifiestan que todo tiene que ver con la preparación del matrimonio; la decoración del departamento, el ahorro de dinero de los últimos meses de alquiler, y además, «de todos modos, nos vamos a casar».

LAS VERDADERAS RAZONES POR LAS CUALES LAS PERSONAS VIVEN JUNTAS

El amor, las finanzas, la práctica y el compromiso pueden ser las razones políticamente correctas que las parejas esgrimen para cohabitar, pero esas no son las verdaderas razones por las cuales están jugando a los casados. Hay cuatro razones verdaderas, algunas concientes y otras inconscientes, por las cuales las parejas optan por la lógica de la teoría del viaje de prueba:

1. El temor

La primera razón por la cual los solteros se enrolan en la mentira del viaje de prueba es porque están asustados. Los adolescentes, los de veintitantos y los de treintitantos tienen miedo del divorcio. El porcentaje de divorcios de nuestro país ha subido muchísimo en las estadísticas de las últimas tres décadas, con muchos estudios que muestran que la mitad de las parejas terminarán en el divorcio. El matrimonio es un negocio de riesgo. Por ello, los solteros se juntan porque en lo profundo de su interior están terriblemente asustados por tener que soportar otro infernal divorcio.

Ellos no quieren cometer el mismo error que cometieron sus padres. No quieren pasar otra vez por el dolor, el rechazo, y la inseguridad. Otros ya han sido casados y divorciados igual que la mujer que encontré en la óptica. Ella dijo: «No pasaré por eso otra vez. Viviremos juntos antes que lleguemos a casarnos. No quiero cometer el mismo error otra vez».

¿Cuál es su manera de pensar? «Bueno, primero vamos a vivir juntos, y si no somos compatibles, si no funciona, entonces simplemente podemos salirnos de eso, hacer un nuevo plan, "Stan, salta al autobús, y libérate"». Igual que cantó Paul Simon años atrás, sin cuerdas que aten. Simplemente cortar, nada importante.

Pero, ¿es esto la verdad? ¿Es la realidad? ¿Pueden las parejas que viven juntas, que están probando el automóvil, salirse simplemente sin cuerdas que aten? Yo no lo creo así.

¿Por qué? Porque las relaciones sexuales y el cohabitar crean un vínculo, y una vez que ellos entran en una unión sexual fuera del matrimonio se ha forjado un vínculo emocional, sicológico y espiritual. Cuando la pareja que vive junta se separa y comienza a vivir separada, hay un desgarre emocional, físico, sicológico y espiritual en sus almas.

Examinemos a una joven llamada LeAnn. Una agradable mujer de veinticuatro años, recién graduada en la universidad. LeAnn se enamoró de un muchacho cuando comenzaron a salir. Luego de un tiempo, ella le pidió que viviesen juntos, razonando que si las cosas se iban desarrollando suavemente algún día se casarían.

Dos años después, seguían viviendo juntos sin boda en el horizonte. Y cuando el paseo de prueba concluyó y ellos decidieron una rotura «sin cuerdas que aten», el mundo de LeeAnn se sacudió. Ella dijo: «Estaba tan devastada que tuve una completa crisis de nervios. Terminé llamando a mi papá cada día, llorándole durante cuatro horas porque mi vida estaba en tal desorden. Era una ruina completa».

La vida de relaciones de LeeAnn no funcionó, y su separación con su «novio» no fue tan libre y fácil como ella esperaba. El temor al divorcio termina con el mismo resultado porque las personas que se separan después de vivir juntos sienten de la misma manera que las personas que se divorcian. No solamente los ex probadores de automóviles como LeeAnn se encuentran emocionalmente devastados, ellos frecuentemente están atrapados en estrecheces financieras.

2. *Las relaciones sexuales*

La segunda verdadera razón por la cual las personas viven juntas es el sexo libre. No hay nada como las relaciones sexuales cómodas. La mayoría de los hombres, si usted los entrevista y les pregunta: ¿«Por qué realmente se juntó?», replicarían: «Me junté para tener relaciones sexuales cuando las quiera y donde las quiera». Así de simple.

La actividad sexual es peligrosa en la actualidad con las ETS acechando su presa y el HIV emboscado. Los funcionarios de salud pública repiten que después de la abstinencia, la alternativa más segura son las actividades sexuales monógamas. El matrimonio es obviamente el lugar ideal para esa monogamia, pero los hombres con «compromiso fobia» han descubierto que pueden robar los beneficios de la monogamia sin «tener que aguantar» un compromiso simplemente viviendo juntos.

Los hombres eligen vivir en pareja para tener relaciones sexuales fáciles. Conocí a un muchacho por siete años y en ese tiempo vivió con más de cinco mujeres diferentes. Entraba a la relación, convencía a la chica a vivir juntos, y luego simplemente balanceaba la zanahoria del casamiento delante de su cara. Ellos casi se comprometen, casi se casan, pero algo ocurrirá y se separarán. Entonces él extrae su verso favorito: «Amor, te quiero realmente. Bebé pronto lo haremos ... luego que me reciba ... luego de mi ascenso ... entonces nos casaremos. Puedes apostar a ello». Probablemente nunca se casará, pero continuará engañando a las nuevas mujeres con sus cuentos de «algún día, pronto, en el futuro».

Señoras, por favor piensen en esto. ¿Por qué quisiera casarse un hombre si ya posee una de las cosas más importantes para él? Si ya están viviendo juntos y tienen relaciones sexuales y las cosas van mal, él simplemente puede salir bajo fianza. Como dice siempre la abuela: «¿Por qué comprar la vaca si conseguimos la leche gratis?» ¿Qué le puede producir el suficiente desacuerdo como para querer cambiar, proponer matrimonio y casarse? ¡Nada! Él tiene el acuerdo fundamental: relaciones sexuales sin compromiso.

Yo, (Ben), estaba hablando con una jovencita veinteañera que estaba viviendo con un amante viejo. Le dije que las relaciones sexuales eran la única cosa que mantiene interesado a un hombre en vivir juntos. Ella dijo que era mentira. Entonces la desafié a volver a su hogar y decirle a su «novio/padre» que ella no iba a tener relaciones sexuales con él por un mes y esperar hasta ver por cuánto tiempo él la esperaría allí. No hace falta decir que ella no aceptó mi desafío.

3. La manipulación

Si los hombres se juntan principalmente por las relaciones sexuales cómodas, entonces las mujeres lo hacen frecuentemente para manipular al hombre al matrimonio. Las mujeres cambian relaciones sexuales por la esperanza de casarse algún día. Un estudio revela que el setenta por ciento de las mujeres se juntan con un hombre con el casamiento en sus mentes. (¡El otro treinta por ciento está en la negativa!)

¡Ellas están probando el rol de la novia! Piensan: «Si lo trato lo suficientemente amable y le hago sentirse bien, y le doy lo que quiere, algún día me recompensará con un anillo y entonces nos casaremos y viviremos felices para siempre». Así tratan de manipular las mujeres a los hombres para lograr sus propios deseos. Ellas usan las relaciones sexuales para conseguir amor y con la esperanza de llevarlo al matrimonio.

Esto fue lo que le sucedió a Julie. Ella se enamoró de James, y tuvieron lo que parecía una gran relación. Con el correr del tiempo esta se hizo más y más íntima. James recién había salido de un divorcio, así que comenzaron a vivir juntos y las cosas pintaban muy bien.

Julie dijo: «Mirando para atrás, todo el motivo de vivir juntos fue ser buena con James. Quería hacerle cosas que su esposa no le había hecho. Quería darle un hogar seguro y quería hacer todo lo que él quería, por lo tanto nunca hablé acerca de los problemas que existían en nuestra relación. Nunca le hablé de las cosas que hacíamos que me incomodaban, porque quería agradarle. Solamente quería agradarle.

Pasaron las semanas... pasaron los meses... transcurrieron los años (tres, en realidad) y aún ningún anillo. Finalmente, James volvió a casa un día e hizo el siguiente anuncio: «Creo que necesito probar la vida de soltero. Yo ya estuve casado, tuve hijos, y enseguida después del divorcio fuimos a vivir juntos. Necesito un poco de espacio. Necesito estar un poco de novio y sentir qué se siente realmente al estar soltero nuevamente».

Su largo viaje de prueba había terminado. Julie estaba anonadada. Fracasó en ganar el rol de novia que se casa. Y para agregar algo más a su pena, tres semanas después de la separación, descubrió que James se había acostado con una de sus más íntimas amigas y que ésta estaba embarazada.

Julie, al igual que otras tantas mujeres, trató de manipular y controlar la relación no dándole a James ninguna razón concebible para irse. Sin embargo, su manipulación fracasó y se transformó en un maniquí anonadado de un cruel paseo de pruebas.

4. La inmadurez

La cuarta razón fundamental por la cual la gente vive juntos es básicamente la inmadurez. Es una decisión inmadura vivir juntos antes de casarse. ¿Por qué? Construir una relación duradera lleva tiempo, energías y sacrificio. Las personas que viven juntas antes del matrimonio están básicamente diciendo: «Yo quiero lo bueno del matrimonio sin sacrificio. Quiero sentirme bien ahora, no importa cómo». Es igual al niño que pide su postre antes de la cena. Es una incapacidad básica para posponer la gratificación.

Eso es una actitud infantil. Las personas que viven juntas poseen la mentalidad infantil de preguntarse esto durante el viaje de prueba: «¿Me agrada diariamente esta situación de vivir juntos»? Y la otra parte se esfuerza hasta lo indecible para asegurarse de que todo sea del agrado de esa persona.

Este es el problema con el deseo inmaduro de la relación «sentirse bien cada día»: ¿Qué pasa si se casan? Sus sentimientos negativos han sido suprimidos hasta cierto grado, han caminado pisando huevos solamente para hacer que el otro «se sintiera bien». Entonces BUM, ellos se casan. Adivine qué pasa. *El matrimonio no hace sentirse bien todos los días.* El matrimonio está basado en compromisos, no en sentimientos. De acuerdo a la última vez que lo revisé, el matrimonio es para estar juntos en lo bueno o en lo malo, en riqueza o en pobreza, en salud o en enfermedad, hasta que la muerte los separe. No he leído en ninguna parte de los votos matrimoniales acerca de sentirse bien todos los días como base del compromiso. No es de extrañarse que el vivir juntos sea una prueba pobre del matrimonio. No es de extrañar que las parejas que han jugado a estar casados se divorcian tres veces más durante sus primeros dos años de matrimonio que las parejas que no vivieron juntas.

Algunos preguntan: «¿Cuál es la gran diferencia entre vivir juntos y el matrimonio?» Es fácil, *el compromiso*. Compromiso, para toda la vida. Si una persona no quiere hacer un compromiso para posponer la gratificación, ¿cómo será capaz de hacer el mismo compromiso una vez que se ha casado?

El Dr. Harold Ivan Smith dice:

> La naturaleza transitoria, sin ataduras, de una relación de vivir en pareja también produce todo tipo de preguntas: ¿Estará aún en casa cuando yo vuelva? ¿Qué hará falta para empujarla más allá del límite? ¿Qué haré si de pronto me encuentro solo? ¿Se está viendo él con otra? ... Una relación de vivir en pareja puede verse como una simple (y financieramente atractiva) solución para la necesidad de la intimidad, pero tiende a destruir las cosas que hacen posible la intimidad: el compromiso, la confianza, y la vulnerabilidad hacia la otra persona».[3]

Muchas veces las parejas dirán: «Estamos viviendo juntos porque estamos listos para esta clase de compromiso». Pero realmente, si observan la situación, *no existe absolutamente ningún compromiso*. La única cosa a la cual está comprometido el que hace el paseo de prueba es, 1) permanecer en la relación hasta que alguien mejor aparezca, 2) permanecer en la relación hasta que el aspecto sexual no lo excite más a él o a ella, 3) permanecer en la relación hasta que lleguen los problemas. El único compromiso en una situación de vivir juntos es el compromiso de permanecer hasta que una u otra parte no tenga más un compromiso. ¿Qué clase de lógica bofetada es esta?

¿FUNCIONA EL VIVIR EN PAREJA?

¿Funciona el vivir en pareja? ¿El jugar a los casados prepara adecuadamente a las personas para el matrimonio?

3. Harold Ivan Smith, *Singles Ask* [Solteros preguntan], Augsburg Press, Minneapolis, 1998, p. 145.

No. De acuerdo a varios estudios recientes, el vivir juntos antes de casarse es perjudicial para la relación del matrimonio.

- Razón # 1 - El *Houston Chronicle* reporta que las parejas que viven juntas tienen un *ochenta por ciento más de probabilidades de divorciarse que aquellos que no lo han hecho.*[4] Jugando a estar casados, lo cual realmente es vivir juntos, es igual a jugar la ruleta rusa con su relación. Con la excepción de que en vez de poner una bala en el tambor del revólver está poniendo cuatro. Gire el tambor, vea sus posibilidades... y experimente un suicidio de relaciones.

- Razón # 2 - Un investigador del Estado de Washington descubrió que las mujeres que cohabitan están dos veces más expuestas a la violencia doméstica que las mujeres casadas. El Centro Nacional de la Salud Mental revela que las mujeres que cohabitan tienen cuatro veces, *cuatro veces*, mayor incidencia de depresión que las mujeres casadas, dos veces más que las mujeres solteras.[5]

- Razón # 3 - En una encuesta hecha a más de cien parejas que viven juntas, el setenta y uno por ciento de las mujeres dijeron que no volverían a vivir juntas.[6]

¿Cuándo despertaremos y nos daremos cuenta de que «no está funcionando»? No solamente que el vivir en pareja no lo prepara para el matrimonio, en realidad trabaja contra usted, erosionando el fundamento de la confianza y del respeto.

---

4. Bárbara Vobejda, «Numbers of Couples "Cohabitating" Soaring as Mores Relax», *Houston Chronicle*, 5 de diciembre de 1996, p. 13A.
5. Willian R. Mattox, «Nag, Nag, Nag», Revista *Focus on the Family*, 1996.
6. Rosen, *The Living Together Trap*, p. 82.

EL VIVIR JUNTOS ENVÍA UN DOBLE MENSAJE

El Dr. Roger Hillerstorm en su profundo libro *Intimate Deception* [Decepción íntima], dice que «tratar de sentir el matrimonio sin un compromiso de por vida es igual a ir a una cafetería para comprar sus comidas. Puede llenar su estómago, pero finalmente morirá de desnutrición».[7]

Él explica cómo las parejas que viven juntas se envían un doble mensaje el uno al otro. Un doble mensaje es cuando dos mensajes opuestos son comunicados al mismo tiempo.

Imagínese a dos personas que están de novios y sienten románticas emociones. George le dice a Jenny que él no está listo para el matrimonio pero quiere hacer el paseo de prueba de vivir juntos. Un mensaje dice: «Te amo y quiero conocerte en un nivel más profundo». Simultáneamente, él le está enviando otro mensaje, a través de sus acciones de no tomar un compromiso completo que dice: «No quiero acercarme demasiado, y si las cosas se ponen demasiado duras, yo simplemente me iré». A través del paseo de prueba, George tiene puesto un ojo en la puerta trasera, lo cual es otra *gran* diferencia entre cohabitar y matrimonio. En el matrimonio, no hay puerta trasera, usted no puede simplemente salirse a su conveniencia sin cuerdas que lo aten.

Jenny ve a George mirando a la puerta trasera durante su relación y se da cuenta que no tiene nada, ni seguridad, ni un verdadero compromiso. La relación es tan buena como el último juego amoroso.

Aun si se casaran, el fundamento de su relación será débil y borroso debido a sus dobles mensajes no verbales comunicados durante su noviazgo. Fisuras en el fundamento que ellos construyeron en sus días de prueba aparecerán en su matrimonio e incrementarán su dispersión. Pequeños temas como son la limpieza, patrones de gastos, y preferencia sexual, los cuales no fueron grandes problemas durante su convivencia dado que podían

---

7. Roger Hillerstorm, *Intimate Deception* [Decepción íntima], Multnomah Press, Portland, OR, 1989, p. 29.

siempre escaparse por la puerta trasera, se harán enormes y monumentales problemas en su matrimonio. Se encontrarán ambos gritando al otro a todo pulmón: «Cambia o...» En vez de un fundamento de confianza y respeto, construyeron un fundamento de falta de respeto y dudas. Las fisuras se harán rajaduras, y el castillo entero de su matrimonio se desmenuzará dentro de un abismo de duda egoísta y sospechas.

¿CUÁLES SON LAS ALTERNATIVAS PRÁCTICAS PARA VIVIR EN PAREJA?

Si usted está viviendo junto ahora mismo, déjeme darle un consejo: Deje de tener relaciones sexuales y múdese. Si usted contempla seriamente casarse, si en serio desea tener una exitosa relación, la mejor movida que puede hacer es moverse hacia afuera.

Viviendo juntos y teniendo relaciones sexuales sin un compromiso de por vida cubre una multitud de defectos. Tapa el problema. ¿Cómo puede saber usted si la persona posee las cualidades de carácter esenciales necesarias para hacer que una relación funcione cuando está teniendo relaciones sexuales o probando su papel de novia? ¿Por qué someterse a sí mismo a la usura, inseguridad, depresión y posiblemente a la violencia doméstica?

La solución es simple: múdese. Múdese a una residencia diferente si usted contempla seriamente casarse con la persona con la cual está viviendo. Cada vez que doy consejería a una pareja que está por casarse y viven juntos, siempre les explico por qué deben mudarse antes del casamiento. La respuesta usual es: «No hay forma de que podamos hacer eso. Ella no tiene un lugar donde vivir, no podemos conseguir algo para alquilar en tan corto tiempo, bla, bla, bla....» Es en este momento en el cual les sugiero que pueden mudarse a mi casa hasta el casamiento. Esto los hace callar rápidamente y nos permite llegar a la verdadera razón por la cual están haciéndolo.

Si usted está comprometido y vive en la misma residencia, entonces ¿por qué quiere tener un casamiento por la iglesia? ¿Por qué quiere usar un traje de novia blanco? ¿Usted quiere que el ministro pida a Dios que bendiga una unión y un compromiso que ya han tenido lugar? Por qué no cambian los votos del matrimonio como sugiere mi amigo Rick Stedtman:

- «Amados, estamos reunidos hoy aquí para ser testigos de lo que ya ha sucedido...»

- «¿Quién ha dado a esta mujer hace unos meses atrás para ser desposada por el marido...?»

- «¿Tomó usted a esta mujer como su esposa...?»

- «Puede besar a la novia nuevamente...»

- «Ahora pronunciaré legalmente lo que ya ha sucedido físicamente meses atrás...»

Escuche, usted no tiene que convertirse en otra estadística. No tiene que convertirse en otro maniquí anonadado en un viaje de prueba con un destino enfermizo. Hágase a usted y a su pareja un favor y múdese, si seriamente desea hacer bien las cosas. Si verdaderamente desea probar su compatibilidad, entonces tome algún tipo de consejería prematrimonial. Tome el nuevo inventario de *Enrich and Grow* [Enriquecer y crecer], el cual es un preciso pronosticador para la compatibilidad de las parejas.

Un iluminado ex «probador de automóviles» dijo: «Cuando usted recupera su visión, duele como el infierno». No se ciegue por las relaciones sexuales y la seudoseguridad de un amante que quiera juntarse. Tuve muchas antiguas parejas que cohabitaban y que al regresar me dijeron: «Gracias, gracias por decirnos la verdad».

consecuencias por desobedecer este mandamiento

- Tiene una mayor posibilidad de volverse a divorciar que las parejas que no vivieron juntas.

- Pospone la necesidad de casarse al darle al hombre el mejor negocio: relaciones sexuales sin compromiso.

- Es más susceptible a la violencia doméstica.

- Está más propensa a experimentar depresión que las mujeres casadas.

Beneficios por obedecer este mandamiento

- Practica el autocontrol, el cual es una característica crítica para una relación duradera.

- Construye un sano fundamento de confianza y respeto.

- Puede dormir de noche sin preocuparse acerca de un embarazo inesperado o una enfermedad transmitida sexualmente.

- Se sentirá más segura en sus relaciones de noviazgo porque podrá tomar sólidos compromisos.

Ayuda para usted que ha desobedecido este mandamiento

- Múdese ahora.

- Confiese que lo que hizo fue erróneo y estúpido.

- Reciba el perdón de Dios y haga la decisión de no repetir el mismo error.

- Si cree que esta relación merece continuar, tome algún tipo de consejería prematrimonial.

Octavo mandamiento

peleamás
limpiamente

Mark: ¿Qué pasa?

   Jill: [llorosa] Tenemos que hablar.

   Mark: [irritado] ¿De qué hay que hablar?

   Jill: [sollozando] De nosotros. De nuestra relación. No pasamos ya el tiempo suficiente juntos.

   Mark: ¿Estás loca? Siempre pasamos el tiempo juntos. Es todo lo que hacemos.

   Jill: Todo lo que quieres hacer es jugar al golf con los muchachos, y cuando estamos juntos, no me dices que está pasando, estás en tu caparazón.

   Mark: [indefenso] Otra vez estamos en lo mismo. Te estás alterando por nada. No aguanto más. Me voy de aquí.

   Jill: ¿Viste? Eres tan increíblemente insensible. ¿Por qué nunca quieres hablar?

   Celos. Lastimarse. Acusaciones. Defensa. Insultos. Separaciones. Todos los ingredientes para una buena pelea de enamorados a la antigua. ¿No está de acuerdo? Pelearse en la relación es tan previsible como el persistente ocultamiento del sol en el oeste. Cuando se consideran las vastas diferencias entre los hombres y las mujeres en términos de sus necesidades y deseos, se comprende fácilmente el potencial del conflicto. Mientras los hombres y mujeres se involucren en la gran danza de las relaciones, sobrevendrá el conflicto. De todas formas, los conflictos son normales, naturales e inevitables.

Sin embargo, definitivamente existen maneras correctas y equivocadas de manejar nuestros desacuerdos mutuos. Esta habilidad de manejar los conflictos, lo que nosotros llamamos pelear limpio, *deberá* ser parte de su repertorio antes de entrar en el matrimonio. Nuevas investigaciones en el campo del matrimonio y del divorcio efectuadas por los Dres. John Gottman y Howard Markman, revelan que ni el dinero, ni las dificultades sexuales o la falta de comunicación necesariamente llevan al divorcio. Es más, uno de los mejores pronosticadores del éxito de las parejas en el matrimonio es simplemente cómo manejan sus conflictos.[1]

En otras palabras, aun parejas con éxito tienen desacuerdos y dificultades acerca de estos problemas, pero la forma que negocian sus diferencias a través de una sana solución del conflicto determina si se mantienen juntos o no. Todas las parejas tienen conflictos; algunas los manejan pobremente y pierden y otras lo hacen sanamente y florecen. Nuestra meta es ayudarle a identificar los errores comunes que cometen las parejas cuando pelean y descubrir técnicas para pelear limpio, es decir, resolver sanamente los conflictos.

NO HAY MORDISCOS GRATIS

Algunas cosas no tiene sentido. ¿Se enteró usted de la ley del «mordisco de perro» en Nueva York? Aparentemente, si usted intenta hacer un juicio al dueño de un perro que lo ha mordido, puede que pierda. La ley declara que para recibir una indemnización en el caso de una mordedura de un perro, el perro

1. John Gottman, *From the Roots Up: A Research Based Marital Therapy Workshop* [A fuerza de desarraigar: Taller investigativo sobre terapia matrimonial], notas del seminario celebrado en Dallas, TX, en febrero de 1997.

debe tener una propensión viciosa (vale decir, historial de mordiscos). Esto significa, que si usted es un perro, ¡tiene derecho a un mordisco gratis! Bueno, en el mundo de las relaciones, cada mordisco cuenta; usted paga por él de una u otra forma. Cada insulto dañará la relación. Todo acto de agresión (incluyendo los mordiscos) debilitará su fundamento. Cada maniobra defensiva impedirá el crecimiento. Cada respuesta malsana al conflicto afectará negativamente su relación. A continuación hay una lista de nuestra versión de las cuatro respuestas más perjudiciales a un conflicto: evitarlo, la defensiva, invalidarlo e intensificarlo.

LAS CUATRO RESPUESTAS MÁS PERJUDICIALES A UN CONFLICTO

1. *La paz a todo costo (evitarlo)*

Una forma de manejar el conflicto es simplemente evitarlo. Vale decir, tener algún trato para no tratarlo. Algunos creen que un conflicto es malo, y que ningún beneficio asoma a través de la lucha de tratar de resolver las diferencias. A veces vemos a las parejas que rehúsan admitir el conflicto o el desacuerdo, porque están profundamente negativos o porque no son sinceros. Con mucha frecuencia la negación aparece durante la consejería prematrimonial, en la cual la pareja proclama: «Nunca nos hemos peleado», como si creyeran que se merecen una medalla. No hay nada admirable en esto.

Sin embargo, la dinámica más común es cuando una pareja es la que evita, retirándose previsiblemente al comienzo de cualquier problema. El que evita puede desengancharse, apagarse o literalmente irse de su presencia. El peligro, por supuesto, en estas respuestas del que evita es la tendencia a acumular enojo y crear resentimiento, el cual solamente se intensifica mientras continúe la abstención a través de la relación. Los problemas nunca se resuelven y por lo tanto no es posible el crecimiento.

Esta defectuosa perspectiva de una relación trae a la mente la famosa política de «paz a cualquier precio» del primer Ministro británico Neville Chamberlain. Chamberlain tuvo la mala fortuna de servir como Primer Ministro cuando Adolfo Hitler ascendió al poder en la Alemania nazi. Chamberlain aborrecía el conflicto y el desafiante Hitler lo tenía listo para ser atado. Maestro en abstenerse como era él, Chamberlain defendió la práctica de apaciguar a Hitler, es decir, simplemente negaba que había algún problema y permitió a Hitler engullirse ciudades y países en Europa.

Las consecuencias del apaciguamiento de la «paz a cualquier precio» fueron los terriblemente caros horrores de la Segunda Guerra Mundial. Haciendo frente a Hitler, enfrentando el verdadero problema, Chamberlain hubiese podido salvar al mundo del horror nazi. Sin embargo, al poner su cabeza en la arena, al negar el conflicto, Chamberlain permitió que un matón de barrio se convirtiese en un monstruo cuyo nombre es sinónimo de maldad. Aunque las consecuencias de la abstención en el noviazgo no desencadenan guerras mundiales, a la larga pueden hacer estragos en las relaciones. Es crucial que abandonemos el apaciguamiento tipo Chamberlain a favor de un honesto y saludable enfrentamiento con los problemas.

2. Ganar o perder (la defensiva)

La segunda respuesta perjudicial al conflicto es la tendencia de verlo como una situación de ganar o perder. Estas personas generalmente tratan cualquier confrontación o desacuerdo como si fuese un ataque y por lo tanto asumen una postura defensiva. El problema principal con este tratamiento es que la persona posiblemente no puede escuchar a su compañero, hacerse eco de sus necesidades y hacer sentir significativamente que uno ha escuchado al otro cuando en realidad la persona está en una autodefensa frenética. Piense en esto: cuando usted es confrontado por su pareja, y se concentra en *su* respuesta, en *su* perspectiva y en *su* siguiente movida estratégica, realmente no puede escuchar a su pareja. Prestar atención verdaderamente, lo cual significa tratar a su pareja con básica dignidad, requiere que se trate primero de entender a él o a ella y solamente entonces tratar de ser comprendido (veremos con mayor profundidad esto en este capítulo). La defensa es realmente un despilfarro de energía y tiempo, porque usted no puede avanzar. Manejar un conflicto no es una proposición de ganar o perder, sino más bien un esfuerzo de equipo, y una posibilidad de crecer.

3. Usted no cuenta (anulación)

En su libro *Fighting for Your Marriage* [Luchando por su matrimonio], Howard Markman define la anulación como «un patrón donde una pareja sutil o directamente anula los pensamientos, sentimientos o el carácter del otro». Sigue expresándose que esto no es simplemente estar en desacuerdo con su pareja o no gustarle algo que él o ella han hecho. Es una manera de indiferencia, falta de respeto e insensibilidad. Afirmaciones tales como: «Estás reaccionando exageradamente», «tú no lo sientes de esa manera» y «si crees eso, eres un estúpido», son todas ejemplos de primera línea de la anulación. ¿Quién puede juzgar realmente una «exagerada reacción»? La anulación siempre incluye un elemento de juicio, frecuentemente con una cierta forma de desdén. No hace falta decir que no hay lugar para esto en una relación.

4. La guerra extrema (intensificación)

Esta respuesta final al conflicto es un patrón de lucha agresiva, con incremento de intensidad que frecuentemente lleva a una situación fuera de control. Generalmente de naturaleza verbal, la pelea es realmente un enfrentamiento de gritos, en el cual el objetivo del «juego» es gritar lo más fuerte posible. Esta es probablemente la más dañina de todas las peligrosas tácticas de pelea. La guerra extrema puede incluir insultos, críticas, injurias, y violencia física. Es probablemente la más destructiva de todas las peligrosas tácticas de pelea debido a que se dicen y se hacen cosas crueles que jamás podrán volverse atrás.

Nadie piensa casarse para resolver conflictos. Nos casamos con la esperanza de tener felicidad, armonía, unidad e intimidad. Subsecuentemente, la mayoría de las parejas raramente ni siquiera consideran el tema de resolver conflictos, mucho menos quieren gastar energías en desarrollar esta habilidad. Sin embargo, una vez dentro de la arena del matrimonio, se convierte en alta prioridad. Recientemente estuve presente en una cena en donde la novia y el novio recibieron un brindis en su honor (y también en ocasiones, bromas) de sus amigos. Fue interesante notar que, sin excepción, cada acotación efectuada por uno de los amigos casados incluía algún tema subyacente de conflicto matrimonial.

CINCO TÉCNICAS DE LUCHA LIMPIA

Todos estamos conscientes de la actitud prevaleciente respecto a la comunicación y solución de los conflictos: estirarse, «yaun, jo-jum», aburrido. Admitido, no hay tema más excitante que el dinero o el sexo. Sin embargo, simplemente no hay forma de evitar la necesidad de tener buenas habilidades en este campo. Queremos que usted posea las cinco habilidades cruciales para tratar con el conflicto. Estas no son meras sugerencias o recomendaciones. Deben ser utilizadas para tener éxito. Eche un vistazo a estas cinco tácticas de lucha limpia.

1. Baje el volumen

Esta es nuestra manera de decir que deberá calmarse antes de que pueda comunicarse con su pareja. Nadie querrá discutir temas o diferencias cuando se sienta atacado por usted. Con mucha frecuencia tratamos de manejar conflictos cuando estamos cargados de ira. No acepte el mito que declara que usted debe «elegir el momento» cuando esté bien y enojado, para discutir sus conceptos. Esta receta es desastrosa. Es más, recomendamos calurosamente que tenga control sobre usted y se tome el tiempo necesario para considerar lo que verdaderamente necesita expresar, y la forma más respetuosa de expresarlo a su pareja.

Estamos hablando de algo mucho mejor que el ejercicio de «dar un paso atrás y contar hasta diez» tan frecuentemente sugerido. Las investigaciones indican que especialmente los hombres pueden necesitar un mínimo de veinte minutos para calmarse (fisiológicamente hablando). Palpitaciones del corazón, respiración entrecortada, y la adrenalina inundan de ira el sistema, y los veinte minutos de enfriamiento permite que se calmen los síntomas. Adicionalmente, utilice el método de tomarse un día entero para permitir que se asienten las emociones y proveer tiempo para reflexionar acerca de lo que realmente es importante. Es asombroso cómo cambia nuestra perspectiva cuando se disipa nuestro enojo.

2. Fije el tono

Los primeros minutos de cualquier interacción son críticos y fijan el tono del resto de la conversación. Es así de simple. Cuando usted se acerca a su pareja de una manera tierna y gentil, está comunicando explícitamente la voluntad de interactuar en forma agradable y no amenazante. Esto alisa el camino para la franqueza y el respeto, lo cual además mejora el proceso de comunicación.

3. Cállese y escuche

¿Cuándo fue la última vez que tuvo un desacuerdo con su pareja y su principal atención estaba dirigida en tratar de escuchar realmente a su pareja? Probablemente fue hace mucho. Si usted es como la mayoría de las personas, su tendencia natural es buscar ser escuchado primero. Usted gasta todas sus energías en explicar su parte de la historia. En el libro de gran éxito *Seven Habits of Highly Effective People* [Siete hábitos de personas altamente eficaces], Steven Covey reveló el más importante principio de una efectiva comunicación: busque primeramente ser entendido, luego comprendido.[2] Covey habla de escuchar con empatía, escuchando a su pareja con la intensión de entenderlo a él o a ella a un nivel más profundo. Tener empatía es comunicar que usted tiene un sentido de lo que se siente dentro de los zapatos del

2. Steven R. Covey, *Seven Habits of Highly Effective People* [Siete hábitos de personas altamente eficaces], Simon & Schuster, 1989, p. 253.

otro, que «lo comprende» en términos de entender su perspectiva. Tal compromiso de atención también expresa que usted respeta a su pareja, y le da valor a lo que tiene que decir. Cuando usted puede reflejarle un sentido de entendimiento, le comunica que lo que tiene que decir es significante, valioso e importante. Si la próxima vez que tenga un desacuerdo usted quiere apartar a su pareja de este, simplemente mantenga su boca cerrada y busque realmente entender a dónde quiere llegar su novio. Le garantizo que si usted implementa este único principio en sus relaciones desde este momento, ¡conseguirá más que lo que cuesta en dinero!

4. Utilice declaraciones con «yo»

Una vez que usted le ha dado a su pareja la oportunidad de expresar su punto de vista, y ha tratado realmente de entenderla primero a ella, entonces es su turno de comunicarle su perspectiva. Para ser efectivo aquí, usted debe adoptar declaraciones con «yo». Haciéndolo así, incluirá la capacidad de personalizar y poseer sus perspectivas y sentimientos en tal forma que el enfoque estará en usted y no en la otra persona. Por ejemplo, existe una gran diferencia entre decir: «yo me siento herida cuando llegas tarde a nuestras citas» y la declaración de: «¡Tú me haces enojar cuando llegas tarde a nuestras citas!» En la primera declaración, el enfoque está en cómo se siente. La segunda declaración pone énfasis en su pareja. Suena más como una acusación y un ataque, lo cual solamente lleva a la defensiva. Usando declaraciones con «yo» lo aparta de criticar, calificar, acusar y atacar.

5. Negocie y comprométase

Algunos problemas pueden resolverse meramente hablándolos, sin tener que reparar algo o negociar diferencias. Con mucha frecuencia, luego que ambas parejas tuvieron la oportunidad de escuchar a la otra parte de un modo respetuoso y maduro, simplemente pueden dejar caer el tema. Sin embargo, habrá momentos en los que ambas parejas habrán expresado sus puntos de vista y las diferencias siguen presentando un problema que tiene que ser resuelto. Para esas circunstancias, recomendamos que cada uno tenga un juego específico de lineamientos para trabajar hacia la negociación y el compromiso. Aunque pueda sonar muy rígido y estructurado, en el mundo real en el cual usted y yo vivimos no hay forma de evitarlo. Yo (Sam), tengo pocas esperanzas para el idealista que espera ser flexible y espontáneo en su método de resolver los problemas. Son decisivas las líneas de guía previamente establecidas. Debido a mi experiencia le puedo asegurar firmemente que no importa cuán maduro e intelectual usted sea o cuán «enamorado» se encuentre, *usted tendrá que tener un juego de reglas claro para resolver los problemas.*

Hablando prácticamente, luego que ambos hayan tenido una oportunidad de expresar sus deseos, necesidades, sentimientos, y perspectivas acerca de un problema en particular, entonces usted debe buscar un modo de resolver el problema. Es decisivo trabajar juntos como un equipo y tratar de identificar el problema como externo (lo opuesto de ver a su pareja como «el problema») Markman identificó cuatro líneas de guía para resolver problemas. Sugerimos seguirlas muy de cerca.

1. *Identifique el problema.* Haga preguntas para determinar los hechos: ¿Qué película deberíamos ver esta noche? Tú quieres ver una película romántica y yo una de acción.

2. *Haga una lista de las posibles soluciones.* Todo está permitido en esta etapa. Tire ideas y vea qué resulta (también se llama frenesí de ideas). Ninguna sugerencia es demasiado extravagante o inapropiada. Aquí es donde la creatividad realmente aflora. Asegúrese de venir con una lista exhaustiva y de escribir todo en un papel.

3. *Comprométase a probar una solución o una combinación de posibles soluciones.* Por ejemplo: «Tú eliges la película esta noche y yo la semana que viene. O tú eliges la película y yo el restaurante».

4. *Reevalúe su elección un tiempo después.* Nosotros podemos fácilmente ignorar este paso crítico en el proceso de resolver el

problema. Usted debe estar de acuerdo de volver en algún momento en el futuro y evaluar cómo está funcionando realmente la «solución». En ese momento, considere si la solución acordada está funcionando o no para ambas partes. Si no es así, tómese la oportunidad de tratar otras posibles soluciones.

¡Aquí las tiene usted! Las cinco más importantes habilidades para la comunicación y la resolución efectiva de los conflictos. Mantenga en su mente nuestro énfasis en «habilidad». Poner esto en uso tiene menos que ver con la personalidad o la inteligencia que con la determinación y la perseverancia. Cualquiera puede aprender estas habilidades de comunicación, pero toma bastante tiempo de práctica.

Finalmente, queremos hacer notar que aunque nos hemos referido a este capítulo como de «pelea limpia», no hay más pelea cuando estas habilidades son puestas en práctica. No hay necesidad de pelear porque de pronto se están comunicando como dos maduros y respetuosos adultos. Esta es una saludable relación, reconoce el conflicto, lo enfrenta y trata con él de una manera madura y santa. ¿Quién no apreciaría semejante relación?

consecuencias por desobedecer este mandamiento

- Experimentará en sus relaciones problemas a largo plazo porque no aprendió a resolver las cosas.

- Dañará el nivel de intimidad y comunicación entre usted y su pareja.

- Sentirá mayores niveles de tensión y descontento (tensión).

- Perderá la oportunidad de aprender todo lo que hay que saber acerca de su pareja debido a que no dedicó el tiempo necesario para *escuchar*.

beneficios por obedecer
este mandamiento

- Experimentará un mayor nivel de respeto en sus relaciones.

- Aprenderá a *resolver* los conflictos y a encontrar soluciones en vez de ver que las mismas peleas afloren una y otra vez.

- Experimentará mayores niveles de intimidad en sus relaciones debido a que ha abierto las barreras a la comunicación.

- Sentirá la libertad de expresarse sin temor o aprehensión.

ayuda para usted que ha desobedecido
este mandamiento

- Reconozca los errores cometidos en el pasado resolviendo los conflictos.

- Esté dispuesto a pedir perdón (dejando el orgullo a un lado).

- Piense antes de hablar y elija sus palabras y métodos cuidadosamente.

- Entre a las discusiones con un espíritu de *resolver* y no simplemente de *tener razón*.

no ignorarás las señales de advertencia

En la noche del 14 de abril de 1912, ocurrió uno de los más grandes desastres de todos los tiempos cuando el *HMS Titanic*, en su viaje inaugural, chocó contra un témpano y se hundió en cuestión de horas. Más de mil quinientos hombres, mujeres y niños fueron tragados por el océano para nunca más volverlos a ver. Salvo que usted haya vivido en una cueva los pasados últimos años, seguramente ha visto el hundimiento de esta famosa nave en toda la gloria cinematográfica en su cine local. Hasta el día de hoy, la película *Titanic*, ha sumando ganancias en bruto por más de mil millones de dólares.

Entre otras cosas, la película subraya el hecho de que el capitán y su tripulación sabían por adelantado que era demasiado peligroso navegar en esa zona esa noche. En otras palabras, esa tragedia pudo haberse evitado. El *Titanic* comenzó a recibir radio-mensajes de otros barcos de estar atentos a los témpanos ya desde el viernes 12 de abril. El domingo el tiempo se hizo más frío y las advertencias fueron más frecuentes. Otro vapor, a solo veinte millas de distancia, llamó para advertir que estaba detenido y rodeado de hielos. También fue una desgracia el hecho de que a los hombres en el puesto de observación del *Titanic*, con la orden de vigilar la presencia de hielo, no se les dio nunca binoculares. A pesar de todas las advertencias y de la falta de preparación, el *Titanic* continuó su viaje a toda marcha hacia su fatídica noche. Atrapado en el entusiasmo de navegar con esta gran y lujosa nave «imposible de hundirse», el capitán falló en hacer caso de las obvias advertencias a lo largo del camino.

¿Cuántos hombres y mujeres despiertan luego de su luna de miel (o crucero de lujo) para darse cuenta de que su relación ya se hundió? ¿Cuántos matrimonios han terminado hundidos en el agua porque alguien ignoró importantes señales de advertencia y banderas rojas durante el noviazgo? Numerosos indicadores pueden advertirnos que una relación puede estrellarse contra las rocas, o al menos sobre un banco de arena (frecuentes conflictos acerca de problemas menores, una declinación en la comunicación), pero en este capítulo hablaremos de las *siete señales de advertencia más importantes*. Estas siete señales no son meros problemas sugeridos en los que se necesita trabajar en algún incierto momento en el futuro, sino que son grandes señales rojas de pare.

Jenny Jones, Jerry Springer, Oprah, estos programas tratan acerca de las personas que pasan por alto las señales de advertencia. La gente que va a los programas de televisión para decir cosas como: «Mi hermana melliza durmió con mi prometido aunque él es un "travesti" adicto a la heroína», obviamente pasó por alto importantes señales de calamidad en algún lugar a lo largo del camino. Aunque estos programas de televisión son tan salvajes y chiflados, algunos de nosotros podríamos mirar incidentes en nuestras propias relaciones y darnos cuenta de que pudiéramos fácilmente ser forraje para el *Show de Jerry Srpinger*. ¿Con cuánta frecuencia los solteros ignoran las señales de advertencia que podrían salvar sus relaciones de convertirse en material para programas de televisión?

Creemos que muchas parejas transitan por el pasillo de la iglesia con algún grado de conciencia de importantes banderas rojas. Más que probable, estas banderas rojas son en la actualidad estandartes de treinta metros gritando: «¡SALGAN MIENTRAS PUEDAN!» Cuando usted vea signos de advertencias, banderas rojas u otra cosa que le haga decir «oh,oh», le sugerimos que trate con ello inmediatamente. Aquí presentamos una lista de los siete signos de advertencia que usted no puede darse el lujo de pasar por alto.

LAS SIETE SEÑALES MORTALES

¡Atención! Los comentarios siguientes acerca de las siete señales mortales son bastante ásperos. Estamos comprometidos a decir la verdad y no nos disculpamos por nuestra falta de exactitud política. Hemos visto demasiadas víctimas del «Titanic de las relaciones» como para estar hastiados. Anhelamos solteros que experimenten relaciones libres del dolor que vemos en nuestras oficinas de consejería, en el programa de radio *El enlace del soltero* y especialmente en los programas de televisión. Si esto requiere que se digan algunas duras verdades de una manera cortante, que así sea. Por favor comprenda que tenemos profunda compasión por todas las personas que luchan con una o más de las señales mortales. Somos optimistas de que estas palabras puedan traer claridad y resolución, lo cual los conducirá a la sanidad.

Una cosa más: *nuestra esperanza es que si usted tiene uno de estos siete problemas, encuentre ayuda inmediata contándoselo a alguien en quien confíe, y luego busque ayuda profesional.*

1. El abuso

Una de las más destructivas señales de advertencia para una relación es cualquier forma de abuso. Las estadísticas revelan que la violencia y el abuso dentro del matrimonio alcanza casi proporciones epidémicas. Lamentablemente, mucha gente no comprende lo que el abuso ocasiona realmente. Por ejemplo, muchos piensan en el abuso como algo solamente físico. Sin embargo, el abuso abarca una amplia gama de conductas agresivas, incluyendo las físicas, verbales, emocionales y sexuales. *Todas* estas formas de abuso pueden ser igualmente perjudiciales y amenazarán la salud de cualquier relación. ¿Se está preguntando cómo definir el abuso? Eche un vistazo a estas definiciones adaptadas de materiales publicados por la Austin Stress Clinic:

- *El abuso físico* - Cualquier uso de una situación, fuerza, o presencia para lastimar o controlar a alguien.

- *El abuso verbal* - Cualquier uso de palabras o de la voz para controlar o lastimar a otra persona.

- *El abuso emocional* - Cualquier acción o falta de acción para controlar o degradar a otro.

- *El abuso sexual* - Cualquier conducta sexual, verbal o física, efectuada sin consentimiento, que pueda ser emocional o físicamente perjudicial.

Bien, puede que sepa que golpear, patear y ahogar son abusos, pero ¿sabía que *amenazar* con golpear o lastimar también son abusos? ¿Es usted consciente que los insultos y los improperios se califican como abusos? ¿Consideró usted que los celos intensos y la manipulación con mentiras son también abusos? ¿Qué pasa con las críticas, las intimidaciones y la humillación?

El abuso puede adoptar muchas formas, y a veces hasta puede ser bastante sutil. Sin tomar en cuenta la forma que adopte, el abuso *nunca* es justificado. No hay razonamiento o excusa que pueda justificar el abuso a otra persona. *No existe ni existirá una defensa o explicación razonable que apoye cualquier forma de abuso.* Siempre nos asombramos de los esfuerzos para justificar el abuso. «Pero él no quería decirlo realmente» o, «bueno, su padre era así, qué le vamos a hacer» o, «quizás yo la empujé a ese extremo y ella simplemente saltó». Y la más espantosa respuesta de todas: «Todo está bien por que sé que no volverá a suceder nunca más».

Una mujer de casi treinta años vino a verme (Sam) buscando ayuda para su relación. Su dilema era tratar de elegir entre dos hombres que aseguraban amarla profundamente. Su descripción de los dos hombres reveló que ellos eran diferentes como el día y la noche en su carácter y la forma de tratarla a ella. Sorprendentemente, ella estaba más decidida por el que era irrespetuoso y emocionalmente abusivo. Cuando ella salía con otros hombres, él reaccionaba volviéndose violento con ella y atacándola verbalmente llamándola con nombres degradantes y formulando acusaciones acerca de su integridad moral.

La respuesta de ella era: «Yo sé que me ama por eso se vuelve tan celoso y enojado cuando estoy con otro. No me gusta mucho los epítetos que me da, pero esto demuestra que me cuida». ¿Qué? ¿Que la cuida? ¿Que la ama? ¡Esto no tiene nada que ver el amor! Esta mujer estaba tan confundida con sus emociones y deslumbrada por el suave hablar de este hombre durante el proceso de conocerse, que no podía reconocer el severo abuso que estaba siendo efectuado contra ella. Luego de un poco de consejería intensiva, fue capaz de descubrir la verdad acerca del verdadero amor y respeto, y aprendió a fijar límites sanos para sí misma.

Ella reconoció después: «Sentía que algo no estaba bien, pero necesitaba simplemente escucharlo de otra persona». Quizás usted también tenga un sentimiento interior de que su relación es abusiva, y solamente necesita permiso para hacer algo al respecto.

Entonces, ¿qué hará si descubre que hay un abuso en su relación? Nuestro consejo es que le dé a su pareja un beso más, el beso de la despedida. Salga ahora de una relación abusiva y haga las preguntas después. Usted puede pensar, *bueno, esto suena bastante duro e implacable.* Si, es duro, pero es su mejor reacción. Ah, finalmente necesitará perdonar, pero eso no significa que usted debe permitir a esa persona el acceso a su vida hasta que no haya demostrado un sincero pesar y un profundo y duradero cambio. Sentimos que es muy importante tratar esto inmediatamente. Como paso final, usted debería insistir en que esa persona reciba ayuda inmediatamente y suspender su relación hasta que haya pasado por algún tipo de tratamiento y sanidad que asegure que nunca más volverá a suceder. Recuerde que la rehabilitación y la prueba de un cambio duradero pueden tomar mucho tiempo.

El abuso de este tipo involucra a dos partes, ¿correcto? Uno que abusa y el otro que es abusado. Quite a cada persona y el abuso no seguirá ocurriendo. Si usted se encuentra con frecuencia atraída por personas abusivas, vuelva a ver el primer mandamiento: Vivirás tu vida. A veces la gente (con más frecuencia las mujeres), se siente atraída por parejas románticas, no a pesar de sus tendencias abusivas sino más bien debido a ellas. Estas mujeres puede que tengan un bajo nivel de autoestima y sienten inconscientemente que necesitan ser castigadas de alguna forma. Seguramente tienen una buena cantidad de diferentes problemas relacionados con la baja autoestima. Pero una forma de aumentar su autoestima y hacerse menos vulnerable al abuso es hacer que su propia vida sea productiva y satisfactoria antes de que busque a alguien para compartirla. Encontrará que hay una relación directa entre su propia calidad de vida y la calidad de las personas con las que terminará viviendo más tarde. Este consejo mantiene también su vigencia para las otras siete señales mortales, tales como la adicción y la infidelidad.

2. Las adicciones

Por su verdadera naturaleza, una adicción es una poderosa y habitual forma de conducta que no puede superarse simplemente por la decisión de parar. Yo supongo que se puede argumentar que todos poseemos una adicción hacia algo, ya sea la cafeína, las computadoras, los automóviles o sustancias más peligrosas como el alcohol, la marihuana o la cocaína... Para nuestros propósitos, enfoquémosnos en el último grupo de las adicciones, las destructoras de las relaciones, el alcohol, y las drogas (incluyendo las drogas prescritas).

Fundamentalmente, cuando usted está en una relación con un adicto, está tratando con alguien que está esclavizado a su propia adicción. Esto significa que está en esclavitud hacia su droga elegida. Es controlado por una substancia. Por ello, el adicto no es capaz de mantener una sana relación. Punto. Como usted ve, el tratar de mantener una relación con alguien que tiene una adicción es como hacer un trabajo de tres personas. Su pareja tiene una aventura amorosa con su droga elegida y esa sustancia siempre será su prioridad. ¿Se permitiría usted estar en una relación con alguien que tiene «relaciones paralelas»? ¡Por supuesto que no! No es diferente cuando usted trata con adicciones. Es más, si usted quiere continuar una relación con un adicto, deberá estar dispuesto a lidiar con algunas características bastantes desagradables. He aquí una simple muestra de lo que usted puede esperar encontrarse: negación, incapacidad emocional o aturdimiento, control desmedido, conducta obsesionada o de innecesaria preocupación, un ser impredecible, inconsistente, irresponsable, acusador, racionalizador, autofrustrante y mentiroso, solamente para nombrar algo. Muchas de estas características envuelven la necesidad de mantener la conducta de adicción a toda costa. Es por esto que usted siempre será segunda prioridad. ¿Cómo se define a un adicto? Definimos al adicto basados en una señal o combinación de estas tres señales: (1) cualquiera que demuestra una norma de usar una sustancia que le altera la química o el humor, (2) cualquiera que pasa una apreciable cantidad de tiempo (diariamente o aun cada fin de semana) comprando y consumiendo la droga de su elección, y (3) cualquiera que continúe su uso a pesar del hecho de que su vida está fuera de control e ingobernable, o la persona está experimentando lógicos efectos físicos o sicológicos (es decir, depresión, problemas del hígado, o problemas en su trabajo).

La peor cosa que se puede hacer a sí mismo y al adicto es no hacer nada y tener la esperanza de que eso pase. Usted se convierte en parte del problema y potencialmente en un «coadicto» por permitir esa conducta. Recomendamos que enfrente esa conducta ahora mismo. Pruebe el tenaz sistema amoroso. Insista en que su pareja reciba ayuda inmediatamente a través de alguna forma de programa de recuperación o consejería individual. Si no quieren recibir ayuda ahora mismo, o si su pareja inventa excusas, entonces usted *debe* salirse de la relación. Es imperativo que usted se atenga a sus principios en esto. Las amenazas de irse sin hacerlo no son buenas. También recomendamos que no piense en volver hasta que la persona se haya liberado de la adicción y haya tratado con la raíz de su motivo. La mayoría de las adicciones serias se basan en problemas emocionales más profundos.

3. La infidelidad

Si usted está en una relación seria con alguien que es o ha sido infiel, le sugerimos lo piense dos veces antes de continuarla. Le decimos porqué. Este es uno de los fundamentos de una sana relación. Pero cuando existe la deslealtad o la infidelidad, especialmente en las primeras etapas de la relación, entonces la confianza es sacudida antes de haber sido ni siquiera bien establecida.

Cuando ocurre la infidelidad en las primeras etapas de la relación, es difícil que una de las parejas se recupere totalmente de esta traición. Si usted no puede comenzar un matrimonio con confianza, no tiene nada para construir a partir del mismo. No tiene a dónde ir. Ya en ese punto las cosas están mal.

No hace mucho tiempo atrás vino William a mi oficina para hablar acerca de su pena por la pérdida de su novia dos años atrás. Yo estuve bastante compasivo hasta que él admitió que ella lo dejó porque la había engañado en dos diferentes ocasiones. Él exclamó: «Fueron escapadas inocentes. Nunca hubo nada entre nosotros, solamente dormir juntos». Lamentablemente, William estaba más preocupado acerca de la «injusta» rotura de relaciones que del propio problema de infidelidad. La confianza había sido rota y era obvio que su novia no estaba dispuesta a invertir tiempo y energía en reconstruir la confianza y restaurar la relación. ¿Puede usted culparla realmente? Sigo teniendo compasión por William, pero por razones diferentes. Está claro que tiene un problema más grande que la pena que rodea la rotura de relaciones. Si alguien le es infiel mientras están de novios, ¿qué le impedirá hacerlo otra vez? Si lo engaña antes del matrimonio, ¿qué le garantiza que no volverá a suceder luego del casamiento? ¿Un pedazo de papel? Yo no lo creo. Usted puede ver que el problema de la infidelidad es un tema de carácter mucho más profundo y posiblemente mucho más grave. Esto es algo típico que usted no puede cambiar de la mañana a la noche. Por lo tanto, si esto es lo que ha ocurrido en su relación, y usted está luchando con lo que debe hacer, tenga en cuenta el hecho de que usted merece algo mejor y déle el conocido *good-bye*, cariño.

Dicho sea de paso, nuestro consejo en cuanto a la infidelidad es este: si hallas que constantemente te ves tentado por otras aunque «amas» a la que ahora tienes, analiza si de veras estás listo para sostener relaciones.

4. La irresponsabilidad e inmadurez (Peter Pan)

Estar enamorada de un Peter Pan no es necesariamente estar enamorada de alguien cuyo diario atavío es un sombrero verde y zapatos verdes con punta, pero si eso fuese cierto usted debería estar preocupada. No, la marca de Peter Pan es la manifestación de irresponsabilidad e inmadurez. Cuando usted está con alguien que no ha madurado lo suficiente, debería considerar esto como una seria señal de advertencia. Usted necesita empezar a hacerse una serie de preguntas antes de entrar profundamente en esa relación.

En particular, ¿demuestra esta persona irresponsabilidad en aspectos decisivos tales como dirección de vida, cuidados propios, manejo de sus finanzas, relaciones y vocación? Ahora bien, por favor no nos malinterprete. No estamos hablando de alguien que a veces pierde las llaves del automóvil y se olvida de sacar la basura ni de alguien con carácter travieso. *Lo que usted debe considerar es entrar en relaciones con alguien con un profundo patrón de inmadurez o irresponsabilidad.* Si esto persiste, su novio está tratando de decirle algo, a saber: «No quiero crecer. Por favor, ¿quieres hacerte cargo de mí?»

Características a tener en cuenta:

- Falta de metas, dirección y propósito de vida.
- No cuidarse él mismo (deficiente higiene).

- Es indeciso respecto a muchas cosas, aun en las triviales.

- Constantemente pospone hasta el último minuto las cosas por hacer (dilaciones).

- Frecuentemente llega tarde a compromisos importantes.

- Pierde regularmente objetos personales importantes, tales como su chequera o portafolios.

- Espera que otros empiecen una actividad social o una relación.

- Tiene dificultad en mantener un trabajo por un razonable espacio de tiempo.

- Tiene malos antecedentes de crédito.

- Tiene su casa o departamento hecho un desastre.

- Se olvida de fechas importantes.

- Tiene hábitos descuidados de gastos.

- Le rebotan los cheques constantemente o está sobregirado en su banco.

- Pide frecuentemente dinero prestado a otros (pedir limosna).

Personas con patrones con las características descritas anteriormente generalmente son desconfiables, inmotivados e inseguros de sí mismos. No sabemos por qué razón, esta gente no ha madurado (no se preocupe *por qué* es así, deje que su terapista se lo imagine). Ellos típicamente indican con frecuencia que necesitan hacer un largo viaje a Colorado o a Europa para «encontrarse a sí mismos». Usted no quiere verse envuelta en una relación con este tipo de personas, ¡a menos que ellos realmente se encuentren a sí mismos! Si ya está involucrada, tenga cuidado y recuerde que quizás esté flirteando con una de las siete señales mortales.

5. Ausencia de atracción física/sexual

Asombrosamente, una de las preguntas más usuales que nos formulan es la siguiente: «¿Qué pasa si no hay atracción física hacia su pareja?» ¿Qué podemos decir? Si allí no hay nada, ¿qué está haciendo en esa relación? Por supuesto que este no es el aspecto más importante en una relación y por sí solo no mantendrá una relación sana, pero no obstante es de suma importancia.

Cuando se habla de atracción física y de la intangible cualidad llamada química, no tenemos fórmulas para ofrecer. No hay «diez pasos para desarrollar la química» con su pareja. O la posee o no. Y no es muy probable que usted alguna vez crezca en esta dirección o que de algún modo lo consiga. Perdón, pero simplemente creemos que cualquier gran relación tiene algún poco de química. No podemos precisar cuánto. Es verdad que algunos empiezan su relación como amigos y que hay poca atracción al comenzar. Pero cuando la relación se desarrolla y las personas comienzan a intimar, frecuentemente la atracción empieza a surgir. ¡Esto es maravilloso! Todos pasamos por esto. De lo que nos preocupamos aquí es de las relaciones que no tienen nada al principio y siguen así después de varios meses o aun años tratando de lograrlo.

6. El lastre emocional

La sexta señal mortal es lo que llamamos lastre emocional. Es el hombre o la mujer que traen de su pasado un importante lastre emocional o sicológico sin resolver, el cual interfiere con el normal funcionamiento de una sana y normal relación. Desde afuera queremos establecer el hecho de que todos poseemos algún lastre emocional del pasado. Por esto no estamos diciendo que usted debería encontrar solamente a alguien libre de toda clase de problemas emocionales (no ocurre en estos tiempos). Estamos diciendo que deberá cuidarse de aquellos que tienen poco o ningún discernimiento para sus problemas y consecuentemente nunca los han resuelto, o nunca han siquiera comenzado el proceso de trabajar en ellos.

Melvin era un hombre moreno, alto y atractivo, en la mitad de los treinta años. Un banquero inversionista, con un bonito ingreso anual de seis cifras y un lustroso Porche plateado, era miembro activo en su iglesia, poseía una amable personalidad y parecía ser apreciado por todos. Era el sueño de toda mujer. ¿Correcto? ¡Equivocado! Lo que usted no sabe de Melvin es que enganchado a su lustroso Porche plateado había un remolque de mudanzas acoplado lleno de suficiente lastre emocional como para mantener a la empresa Samsonite trabajando por años. Sin que fuera su culpa, Melvin provenía de un hogar disfuncional marcado por el trauma y el caos. Fue criado por un padre alcohólico y adicto a rabietas que era física y verbalmente abusivo. Su madre era emocionalmente incapacitada y no parecía tener vida propia. Era adicta a drogas prescritas y estaba constantemente preocupada en apaciguar al padre de Melvin, hasta que se divorciaron mientras Melvin estaba a la mitad del séptimo grado. Melvin se convirtió en un adicto al alcohol y a las drogas a los quince años para poder sobrellevar su dolor.

Melvin es alguien que representa la sexta señal mortal, no por lo que le sucedió sino porque nunca se tomó el tiempo necesario para reconocer sus heridas, comprender sus efectos y entonces trabajar hacia alguna forma de sanidad emocional. No hay duda que existen muchas personas así que experimentaron tragedias similares y para los cuales tenemos tremenda compasión y respeto. La verdad que queremos establecer es que cualquiera de estas traumáticas experiencias, por sí misma, es suficiente como para crear un «lastre emocional» que debería ser tratado antes de que se pueda esperar establecer una saludable relación.

Usted me preguntará: «Así que todos los que tenemos problemas del pasado, ¿qué hacemos con ellos?» Recuerde que los problemas emocionales de su pareja solamente se convierten en «lastres» si no es consciente en primera instancia de sus problemas, o si no ha comenzado con su proceso de sanidad.

Uno de los más valiosos aspectos de mi (Sam) entrenamiento como sicólogo fue el requerimiento de participar en alguna terapia de grupo y consejería individual. A través de estas oportunidades, fui capaz de descubrir ciertos puntos relativamente oscuros y destapé algunos problemas ocultos que necesitaban ser tratados. Aunque dolorosos y algo penoso, el proceso de autodetección y crecimiento demostró ser una experiencia recompensante. Cuando usted tiene problemas, lastre o heridas de su infancia, su mejor reacción es enfrentarlos, reconocerlos, sentirlos, hablar de ellos y luego hacer algo al respecto. No tema buscar ayuda profesional, pastoral o alguna otra forma de apoyo para tratar sus problemas.

Usted necesita formularse tres preguntas acerca de su pareja para determinar si usted está lidiando o no con una señal de advertencia: (1) ¿Me doy cuenta y comprendo sus problemas con razonable claridad? (2) ¿Sabe ella en qué forma afectan estos problemas su actual relación? (3) ¿Se han tratado estos problemas y está la persona activamente ocupada en sanarse y recobrarse?

7. La negación

La séptima y final señal de advertencia es cuando usted, luego de haber leído este capítulo y los anteriores, ha comprendido que hay serios problemas en su relación pero parece como que no puede salir de ella. Sabe que está mal y sabe que nada cambiará, pero simplemente no quiere prestar atención a las señales de advertencia. O puede ser que sienta un fuerte deseo de irse y sin embargo algo le retiene. Hay otros que pueden considerarse la excepción de la regla, minimizando, razonando y simplemente negando la verdad. En cualquier caso, si usted se puede identificar con algunas de las anteriores señales de advertencia, está viviendo en la séptima señal mortal. Es como si estuviese manejando por un camino a la clara luz del día. De pronto observa sobre la carretera conos color naranja, un poco más allá ve luces intermitentes y una señal que le dice: «PUENTE INOPERABLE, VUELVA ATRÁS», pero todo lo que puede hacer es reducir su velocidad. ¿Por qué son atraídas algunas personas a ese tipo de relaciones? ¿Por qué permanecen otras en él a pesar de su mejor razonamiento? He aquí una lista con las cinco razones supremas por las que la gente no hace caso de las banderas rojas:

1. *Le son conocidas.* A veces las personas entran en relaciones enfermizas porque es lo único que conocen. Son atraídos de alguna manera a relaciones que le son familiares. Por ejemplo, no es extraño para una mujer que creció con un padre alcohólico que gastaba todo su dinero en emborracharse, terminar casándose con un hombre que también es alcohólico. De acuerdo a esta teoría, esto es todo lo que ella conoce, le es predecible y extrañamente familiar.

2. *Ellos no merecen algo mejor.* Ciertas personas crecen con un increíble sentimiento de inferioridad, una falta de autorespeto o una culpa que los conduce a la creencia de que ellos no merecen nada salvo lo peor en la vida. Esto es frecuentemente el resultado de una infancia descuidada o abusada. Lamentablemente conocemos personas que realmente creen que merecen ser castigados o degradados. No importa cuánto trate usted de razonar con ellos, no pueden diseñar una salida. Esto requiere una intensa consejería profesional.

3. *Es mejor que nada.* Otros en realidad toman una consciente decisión de permanecer en una relación de «señal roja» porque sienten que reciben algo valioso de ella. Con frecuencia razonan respecto a su forma de rodear el problema, sabiendo perfectamente que este existe, diciéndose a sí mismos: «Yo sé que existe un serio problema, pero estoy dispuesto a arriesgarme porque es mejor que estar sola». Como dice el viejo dicho: «Alguna atención, aun si fuese negativa, es de todas maneras mejor que ninguna». Nosotros no creemos que cosa alguna merezca el dolor que viene asociado con alguna de las siete señales mortales.

4. *Ellos tienen el mismo problema.* Es difícil de juzgar (o reconocer serios problemas) cuando usted tiene el mismo problema. Yo (Sam) recuerdo haber trabajado con una pareja comprometida los cuales admitieron que ambos eran grandes fumadores. A pesar de mis advertencias y pedidos para que tratasen este serio problema, ninguno podía verlo en esta conducta (negativa masiva) y por lo tanto eran incapaces de tener una más elevada expectativa el uno

por el otro o por su relación. No es necesario mencionar que no mucho después que interrumpiéramos la consejería me enteré que su relación se había roto. ¿Me entristecí por la rotura de sus relaciones? Por supuesto. ¿Me sorprendí? No.

5. *Temor de romper las relaciones.* Muchas personas se encuentran en relaciones enfermizas en contra de su mejor entendimiento debido a cierta cantidad de temores: temor de estar solos; temor a lo desconocido; temor a no encontrar otra pareja; temor al dolor y a la pérdida asociados con el rompimiento de relaciones; y temor a que su pareja pueda cometer alguna locura o cosa irracional. Lamentablemente, estos temores poseen una cantidad de poder cuando son mantenidos en secreto. El temor puede llevar a la parálisis. Por lo tanto, es fundamental verbalizar sus temores a otros. Compártalos con un amigo de confianza, un pastor o consejero.

Tal vez este capítulo le pareció oler a muerte y oscuridad en cuanto a nuestras horrendas advertencias de lo que puede ir mal en una relación. Pero usted no tiene que temer a estas historias como si fuesen su propio destino, le estamos haciendo notar las señales de advertencia para que usted pueda finalmente forjar una *saludable* relación. Si desea, trate de compaginar su propia lista de señales que indiquen que una relación está marchando bien. Su propia lista personal le ayudará a recordar exactamente qué es lo que usted valoriza en una relación.

consecuencias por desobedecer este mandamiento

- Riesgo de hundirse posiblemente en relaciones abusivas, enfermizas y destructivas.

- Se encuentra en un riesgo mayor de entrar en un matrimonio desdichado y transformarse en otra estadística de divorcio.

- Su autoestima sufrirá daños si persiste en relaciones donde no hay un respeto mutuo.

- Comprometa la posibilidad de encontrar relaciones satisfactorias con alguien que demuestre carácter, alguien a quien usted pueda respetar.

Beneficios por obedecer este mandamiento

- Evitará las penas y el dolor de tratar de irse de una relación disfuncional y desbalanceada.

- Evitará el aumento de la necesidad de soportar el abuso y la adicción en sus relaciones.

- Abrirá la posibilidad de encontrarse con «la persona apropiada final» en vez de con «la persona apropiada por ahora» y no comprometerá lo que usted necesita o quiere en una relación.

Ayuda para usted que ha desobedecido este mandamiento

- Dése cuenta de que Dios quiere lo mejor para usted.

- Mire las banderas rojas y decida si hay cosas con las cuales usted puede vivir.

- Aplique una bandita curativa ¡y luego múdese!

- Tome en cuenta las cualidades esenciales del carácter (CEC) que le son importantes y que no quiera comprometerlas aun si esto significase permanecer soltero indefinidamente.

Décimo mandamiento

ELEGIRÁS
SABIAMENTE

¿Alguna vez sintió que su búsqueda para encontrar al único es igual que la interminable búsqueda de la copa sagrada? ¿Recuerda la impresionante película *Indiana Jones and The Last Crusade* [Indiana Jones y la última cruzada]? Indiana Jones, caracterizado por Harrison Ford, y un malvado personaje llamado Donovan están buscando la copa sagrada, la supuesta fuente de la juventud. Al final de la película, Indiana y Donovan encuentran la habitación en la cual la copa está siendo protegida por un caballero de setecientos años de edad. Deben elegir la verdadera copa entre una selección de alrededor de veinticinco. El caballero les dice a ambos que si eligen la copa correcta tendrán vida eterna. ¿Y si eligen la equivocada? La eterna condenación.

Donovan elige a su rubia y provocativa compañera para hacer esa elección. Ella impulsivamente toma la más hermosa y brillante de las copas y se la ofrece a Donovan. Él levanta la copa en alto y dice: «Seguramente es esta la copa del Rey de reyes». Sumerge la copa dentro de una fuente de agua y la bebe rápidamente. Luego de dar un suspiro de alivio, seguro de que ha elegido la copa correcta, se percata del reflejo de su rostro en la fuente.

Repentinamente comienza a envejecer y arrugarse, se le cae el cabello, todo el rostro se pudre, se vuelve un esqueleto y explota por toda la pantalla. Luego que Donovan se desintegrase delante de sus ojos, partiéndose en miles de pedazos, el viejo caballero se vuelve lentamente hacia Indiana y la mujer y les dice: «Él eligió *mal*».

¿Cuántos hombres y mujeres en todo el mundo han desgarrado sus corazones y sus vidas porque han elegido mal durante su noviazgo? ¿Por qué se divorcian tantas parejas cada año antes de tener la posibilidad de celebrar su segundo aniversario de casados? ¡En parte porque los hombres y las mujeres simplemente han elegido mal! Eligieron a las personas equivocadas para el noviazgo y luego se casaron con una de ellas.

Usted puede hacer una gran cantidad de malas decisiones en su vida y recobrarse de ellas. Créanos, hemos estado en esto, lo hemos hecho y tenemos varias camisetas para probarlo. Usted puede elegir el automóvil equivocado y venderlo en pocos meses. Puede elegir la universidad equivocada y transferirse si no le gusta. Usted puede elegir la especialidad equivocada y cambiarla. Puede elegir el trabajo equivocado pero más adelante conseguir otro que le guste más. Puede tomar tontas decisiones financieras y hasta terminar endeudado, pero puede recobrarse haciéndolo bien y pagando esas deudas. Puede mudarse a la ciudad equivocada y volverse a mudar a otra que le convenga más. Todas estas decisiones pueden acarrearle adversas consecuencias, pero dejan de tener importancia en comparación con las consecuencias de una mala decisión hecha en una relación: *si usted entra en un noviazgo con la persona equivocada y luego se casa con ella, vivirá con importantes, negativas y duraderas consecuencias de esta decisión por el resto de su vida.* Esto nos lleva a reiterar que: permanezca casado o no, vivirá con importantes y negativas consecuencias por tal decisión. Si hace una pobre elección en la arena del noviazgo, esta decisión puede afectar cada parte de su vida. Nuestros corazones van hacia las personas con las cuales hablamos cada semana, cuyas vidas han sido devastadas por un amargo divorcio o se sienten arrinconados en un matrimonio muerto porque eligieron pobremente.

¿ESTÁ HACIENDO MALAS ELECCIONES?

Donovan hizo la elección equivocada por varias razones: fue impulsivo y desesperado, permitió a la «sensual rubia» influir en su elección, y por último, asumió que su elección era la mejor basada en la belleza exterior de la copa. Así como Donovan eligió equivocadamente en su búsqueda de la copa sagrada, también lo hacen veintenas de personas durante su búsqueda de un compañero. Hemos apartado cuatro de las razones más comunes por las cuales las personas tienden a hacer malas elecciones. Cada una de estas razones sirve para impedir que las personas se den cuenta del verdadero carácter de aquellos con los cuales están de novios (lo cual, por supuesto, es lo más importante para el noviazgo).

Eche un vistazo a estas barreras que impiden discernir el verdadero carácter:

1. *Síndrome del primero disponible.* Usted está desesperada por amor, por consiguiente se instala en el primer cuerpo tibio que está disponible.

2. *Engañada por lo externo.* Usted está evaluando las cosas equivocadas y por lo tanto es engañada por las cualidades superficiales.

3. *Cegada por lo sexual.* Usted literalmente es incapaz de ver los defectos y las cualidades negativas en el otro debido a las relaciones sexuales.

4. *Va demasiado rápido.* Usted está en tal apuro por casarse que descuida las importantes señales de carreteras a lo largo de la ruta.

1. Síndrome del primero disponible

Cuando usted no sabe qué está buscando y está desesperada o hambrienta de amor, usted termina comprometiendo sus normas y dándose al primer cuerpo tibio disponible. Lo llamamos el síndrome del primero disponible. ¿Alguna vez se sintió famélicamente hambrienta, corrió a su restaurante favorito y casi sin aliento le pidió a la camarera que la acomodara? La camarera responderá amablemente: «¿Desea sentarse en el área para fumadores, no fumadores o lo primero disponible?» En ese momento le tiene sin cuidado fumar de segunda mano, así que responde: «Por favor, déme el *primero disponible*». Muchas personas están tan hambrientas de amor que están dispuestas a tomar el primer hombre o mujer disponible que se les aparezca. Como dice la Dra. Laura Schlessinger, siquiatra que mantiene un programa radial : «Se convierten en suplicadores, no en elegidores» durante su noviazgo.

Chad cayó en el síndrome del primero disponible cuando pasó los treinta y nueve años de edad. Había vivido su vida como soltero hasta ese momento y decidió que estaba corto de tiempo. Miró los avisos clasificados, encontró un mujer que sonaba razonablemente compatible en el papel y se casó con ella seis meses después. Estaba intentando encontrar tan simplemente a alguien que nunca tomó en serio el hecho de que ella había estado antes casada tres veces. Lamentablemente, el matrimonio duró dos meses. En este caso, ambos eligieron mal. Él eligió a alguien sin un verdadero conocimiento de un compromiso y ella eligió a alguien cuyo corazón nunca estuvo realmente en esto desde el primer momento. En sus relaciones sea uno que elige y no uno que implora. Sepa qué es lo que quiere, y más importante aún, sepa qué es lo que *necesita* antes de salir siquiera a la primera cita.

2. *Engañada por lo externo*

¿Alguna vez compró un automóvil usado? Si su experiencia es como la de la mayoría de la gente, en cuanto usted se mete entre el lote y comienza a hablar acerca de las cosas específicas que está buscando, el vendedor se comienza a babear, especialmente cuando usted menciona las cosas externas. «Quiero uno rojo, con ruedas brillantes, tocadiscos compactos, techo corredizo y asientos de cuero. ¡Aquí hay uno! ¡Oh, tiene un aspecto *admirable!*» Muchos de nosotros hemos experimentado el trauma que nos estruja el estómago al traer a casa esta belleza roja y brillante, solamente para encontrarnos importantes problemas en el motor

u otra falla mecánica sin garantía. Me anoté otra por lo externo.
Ellos gritan: Otra vez, «¡te agarré!»

Casi todas las semanas formulamos a los solteros, tanto en
sesiones de consejería como en los programas radiales, esta
pregunta tan importante: «¿Qué es lo que busca usted en una
persona del sexo opuesto?» La mayoría de las personas dicen al
principio: «Bueno, estoy buscando una persona con buena personalidad, que le guste la vida al aire libre, divertida, de buen
aspecto, que tenga una buena figura, que tenga dinero, etc.» Y
siguen y siguen con detalles de características superficiales y
rasgos de personalidad.

Lo llamamos el enfoque «algodón de azúcar». Cuando estamos en una feria o en un circo, nuestra atención es atraída hacia
el vendedor del algodón de azúcar. El algodón de azúcar luce
colorido, hermoso, y parece una montaña de dulzura. Entonces
usted mete un poco de algodón en su boca y simplemente
desaparece. Oh, por supuesto, es dulce, pero usted pagó cinco
dólares por esa enorme cosa que se diluye, dejándolo insatisfecho.

Melissa probó el enfoque «algodón de azúcar». Ella fue
«derribada» por un maduro industrial, un hombre que lo poseía
todo. La carrera de Donald se había desarrollado como un cohete,
ya era acaudalado y su buena presencia y encanto le conferían el
toque final. Melissa navegó arrobada por un corto noviazgo,
deslumbrada por las cosas externas y se comprometió. A solo
pocas semanas de su boda, percibió fisuras en la fachada y cuando
observó más de cerca, descubrió una aterradora verdad. Donald
vivía una doble vida, era un impostor. Era egoísta y falso a más no
poder. Su perfección de algodón de azúcar se desvanecía en la
nada, y agradecida, Melissa lo descubrió a tiempo para anular la
boda.

No nos malinterprete, la personalidad e intereses comunes
son importantes, pero solos no podrán forjar una relación duradera. Contemplar con fijeza lo externo puede que lo engañe. El
sicólogo Henry Cloud lo expresó así: «Lo que nos atrae de una
persona es lo que vemos en su exterior, su aspecto o personalidad,

pero lo que terminaremos experimentando en una relación a largo plazo es lo que no podemos ver, su interior y su carácter».[1]

3. *Cegado por lo sexual*

La Biblia dice: «El amor cubre multitud de pecados», pero cuando comienzan las relaciones del noviazgo, lo sexual cubre una multitud de defectos. Las relaciones sexuales tienen una forma de cegarlo impidiéndole ver la realidad de su compañero. Todos tenemos «lentes» a través de los cuales miramos la vida. Estos lentes o paradigmas filtran toda la información, algunas cosas son descartadas otras pasan. Lo sexual actúa como un filtro durante el noviazgo, no dejando pasar las banderas rojas del carácter del otro, permitiendo solamente el paso de la información color de rosa.

Jonathan llamó una noche al programa de radio explicando cuán grande había sido su vida sexual con su novia antes de casarse. Se quejó: «Cuando finalmente intercambiamos los votos de casamiento, se transformó en la bruja malvada, enojada, controladora, y exigente». No lo acepto. Ella no cambió después que se casaron. Estoy seguro que siempre fue así, pero él no lo podía ver porque «las relaciones sexuales eran *taaan* buenas».

El acto sexual es maravilloso en el contexto correcto (en el matrimonio), pero durante el noviazgo, las relaciones sexuales frecuentemente nublan la relación y disminuyen la comunicación. Los hombres generalmente confunden el hacer el amor por la intimidad. En otras palabras, son engañados por el pensamiento de que lo sexual equivale a intimidad, y por consiguiente no hay necesidad de trabajar en otras formas de la intimidad (emocional, verbal o espiritual). Las mujeres, por otro lado, tienen la tendencia de confundir las relaciones sexuales con compromiso. El concepto erróneo es que de alguna manera, el hombre aprecia esta relación como única y especial. Una mujer piensa dentro de sí misma: *Esto verdaderamente debe significar amor.* ¡Vamos, mujeres,

1. Henry Cloud, *Single Connection* [El enlace del soltero], entrevista con Ben Young, Ministerios «Winning Walk», octubre de 1996.

despierten! Algunos hombres potencialmente harán el amor con cualquiera, de cualquier forma, en cualquier momento, en cualquier lugar, simplemente por cualquier motivo bajo las circunstancias apropiadas. Por lo tanto, ya sea que se esté cambiando lo sexual por amor o amor por lo sexual, la relación sexual le da a uno un falso sentido de intimidad, y ciega a ambas partes de poder apreciar a la verdadera persona con la cual está de novio.

4. Va demasiado rápido

En las autopistas, el asesino número uno no es el alcohol sino la velocidad. El asesino número uno de buenas relaciones potenciales también es la velocidad. Cuántos solteros bien intencionados exceden *el límite de velocidad de las relaciones*. Los hombres y mujeres que encienden nuevas relaciones frecuentemente saltan a la autopista sin señales de límites de velocidad. Se acercan rápidamente, deleitándose con la excitación y escalofrío de la intimidad instantánea. Sin embargo, lo que necesitan es que conduzcan primero por la zona escolar, yendo despacio y conociéndose el uno al otro. Casi cada vez que hablamos del noviazgo, decimos: «Tómelo con calma, tómelo con calma». Trágicamente, gran cantidad de personas ignoran los límites de velocidad y saltan a la autopista del noviazgo con la canción de los Eagles «Vive en el camino veloz» sonando en sus oídos.

Hace poco un amigo «tomó prestada» una señal de velocidad máxima de cuarenta kilómetros, para que yo (Ben) pudiera usarla en una charla acerca de la necesidad de tomar las relaciones con calma. Durante la charla, yo levantaba la señal o me acercaba a ella señalándola continuamente para reforzar este principio. Luego de la conferencia, vino hacia mí una muchacha y me dijo: «Me gusta lo que dijo y estoy de acuerdo con usted, pero no me gusta manejar despacio mi coche o mis relaciones». A mí tampoco me gusta manejar despacio, y a veces es sumamente molesto pasar por la mañana por una zona escolar, especialmente si va atrasado al trabajo. Pero bajando la velocidad en la zona escolar y manejando a la velocidad apropiada salva vidas. Sucede lo mismo en las relaciones. No importa lo divertido que es pisar el acelerador hasta el piso, tomándolo con calma y conociendo a la persona con la cual está saliendo puede salvar su relación.

Brad y Allison pisaron el acelerador a fondo en su primera salida. Se desviaron sobre la autopista de las relaciones, y prontamente se estaban besando, acariciando y mirándose fijamente con miradas de ensueño. A las tres semanas Brad le estaba diciendo a sus amigos que ella era la pareja especial. Él notaba la emoción y pensaba que Allison no podía ser un error. Prosiguiendo su viaje a velocidad escalofriante se casaron, y solo pocos meses después de estar casados Brad descubrió que Allison no era realmente la persona que necesitaba como esposa. Como ninguno consideró el divorcio como una opción, ahora su relación transcurre suavemente en la zona escolar, y los días impulsivos de la autopista han quedado atrás. El resultado fue un matrimonio mediocre debido a que no se conocieron calmadamente, a través del tiempo, descubriendo antes su incompatibilidad. Cuando usted se acerca rápidamente al noviazgo en un intento de pegar más rápido que el cemento instantáneo Krazy Glue, nunca conocerá realmente a la persona con la cual está de novio. Aconsejando a personas que se encuentran dentro de un matrimonio desgraciado o están dando vueltas heridas por un divorcio, hemos escuchado demasiadas veces este lamento: «Si tan solo me hubiese tomado el tiempo de conocer a esta persona, nunca estaría en este lío».

Cuando usted está demasiado apurado para encontrar a un compañero para su vida, generalmente hace un acuerdo, minimizando las fallas de su pareja, o contemporizando al negar la existencia de problemas importantes. El noviazgo no es una carrera para ver quién llega al la meta final en el más corto período de tiempo. El noviazgo debería ser un proceso a largo plazo para discernir si usted es o no compatible con una persona, si ambos poseen lo que es necesario para formar una relación duradera. Haga de esto su lema: «Es mejor quedar soltero que hacer un acuerdo».

Si usted desea hacer sabias elecciones en su noviazgo, saber qué es lo que quiere, no haga un acuerdo con el «primero disponible», asegúrese de que su enfoque está en las cosas internas [como las cualidades esenciales del carácter (CEC) que está por descubrir], deje el acto sexual para el matrimonio y tómelo con calma. La mitad del éxito en construir un sólido noviazgo que puede florecer en un admirable matrimonio es encontrar a la persona indicada.

DISCERNIR EL CARÁCTER

Este capítulo final podría resumirse en una frase: estar de novios es discernir. Nuestra premisa es que la experiencia del noviazgo es ser capaz de discernir quién es verdaderamente la persona. El *Diccionario Colegiado Webster* expresa esta idea perfectamente: El discernimiento es «la cualidad de ser capaz de comprender lo que es oscuro ... una búsqueda que va más allá de lo obvio o superficial». Piénselo. Esta es precisamente la meta del noviazgo.

He aquí porqué: las personas con las cuales usted sale son *maestros en ventas*. Siempre muestran su mejor comportamiento, mostrando sus mejores cualidades. Las mujeres, en particular, son maestras en eso. Lo llaman «la apariencia». ¡Holaaaa! El mismo nombre lo dice todo, y no cesan las mercaderías de un billón de dólares de la industria del cosmético. De alguna forma han aprendido cómo las rayas hacen lucir más bajas, más altas, más flacas, o más gordas, según la necesidad. Esta indumentaria provoca esta respuesta, esta fragancia logra obtener esta reacción. Y así sucesivamente.

No se equivoque, los hombres y las mujeres tratarán primeramente de impresionarlo. Su ambición es mostrarse a sí mismos como encantadores, amables, cultos y atractivos. Le dirán lo que usted quiere oír y se comportarán de la forma que ellos creen que usted desea ver. Una persona lo expresó de esta manera: «Como soltero, me siento siempre como en una vidriera. Debo estar constantemente en guardia por el temor de atropellar a alguien que pudiese ser una probable pareja. No deseo que se me escape la persona apropiada». Seamos sinceros, si usted está tratando de conquistar a cierta mujer a la cual le gusta el ballet, ¿adivine qué va a pasar? Súbitamente su ídolo es Barishnikov y le cuenta a todos que siempre quiso ser un báilarín. Empezará a hablar en ruso y usará calzones ajustados debajo de sus pantalones vaqueros. ¡Usted ama el ballet! Si lo piensa, las prácticas del noviazgo de nuestra actual cultura son bastantes grotescas (vale decir, ponen énfasis en ocultar su propio yo). En otras culturas, los padres juegan un papel importante en elegir a la pareja para casarla y el juego de relaciones es reducido a un mínimo. Mientras por un lado podríamos ciertamente beneficiarnos en adaptarnos a algunas prácticas de otras culturas, por el otro no estamos interesados en decirle a usted que «le diga adiós al noviazgo», como algunos sugieren. Entonces estamos dentro del tremendo desafío de ir más allá de las máscaras y descubrir la verdadera persona que está debajo. Su ocupación es penetrar esta tendencia natural de impresionar y ganar visión interior de quién es *en realidad*. Finalmente, usted está tratando de discernir el carácter.

¿QUÉ ES EL CARÁCTER?

Si usted pudiera quitar los atributos físicos, las ropas, las frases amables, hasta la encantadora personalidad, todo lo que queda es el carácter. Es básicamente quién es usted en su interior. El carácter vincula nuestras convicciones (no breves y débilmente sustentadas opiniones), nuestros principios e integridad moral que guía a nuestro comportamiento. En otras palabras, el carácter es quién somos en realidad y cómo realmente actuamos, no lo ideal que mostramos al mundo. Otros se han referido al carácter simplemente como lo que uno es cuando nadie lo está mirando. Debido al énfasis de nuestra cultura en el estilo más que en la esencia, el carácter, en su verdadera naturaleza, no puede ser percibido enseguida. La tarea de discernir el carácter es un proceso a largo plazo. Usted no puede esperar conocer verdaderamente el interior de una persona sin pasar con la misma largos períodos de tiempo en diferentes situaciones y bajo muchas circunstancias.

Ir más allá de las cualidades superficiales es considerar qué es lo que usted necesita en un compañero, las cualidades interiores esenciales que edifican o destruyen una sana y exitosa relación. Le pedimos que sea capaz de mirar por debajo de la superficie y discernir si su pareja posee o no los bienes internos necesarios para mantener una relación saludable.

Hemos apartado cinco *cualidades esenciales del carácter* (CEC), que usted necesita en una pareja: fiel, sincero, comprometido, indulgente y generoso. Encontrará estas cualidades extremadamente obvias y sin embargo tantas veces pasadas por alto. Echemos un vistazo más de cerca a estas cualidades.

1. *Fiel*

Una persona fiel es leal y puede demostrar fidelidad a otros. Observando usted a esa persona en sus relaciones sociales o de negocios, ¿pasa la prueba de la lealtad? ¿Es ella alguien que cumple con sus promesas? ¿Tiene esta persona la capacidad de ser fiel? ¿Han habido incidentes de infidelidad o deslealtad en relaciones anteriores? Muchas relaciones comenzaron con un sentimiento de deslealtad hacia el otro. Yo (Ben), recuerdo a Sandy, una mujer extrovertida en la mitad de los treinta. Estaba muy orgullosa y entusiasmada al contarme acerca de Fred, su nuevo novio. Debo admitirlo, cuando me lo describió, sonaba como una buena conquista. Parecía hacer todas las cosas bien, es decir, todo lo que hacía falta; aparentemente amaba a Sandy. El único problema era que Fred estaba casado. Pero ella razonaba que Fred no amaba a su mujer y estaba en el proceso de separarse de ella. Cuando le di a conocer mis preocupaciones, Sandy parecía tener razonado todo lo concerniente a esa relación. Al terminar la sesión, le pedí que averiguase cómo se conocieron Fred y su esposa. Bueno, quizás fue un golpe de suerte, pero finalmente Sandy descubrió que Fred había comenzado su relación con su actual esposa de la misma manera como la había comenzado con ella, en forma desleal. Hablamos de esto como un patrón de conducta y pensamos en la posibilidad de que Fred continuase haciendo esto. Le pregunté: «¿Qué le hace pensar que usted es diferente a las demás?» Si Fred fue desleal con otras, ¿por qué con Sandy tendría que ser diferente? Nunca continúe una relación con alguien desleal a menos que quiera enfrentar graves consecuencias.

2. Sincero

Una persona sincera es verdadera y libre de decepciones. Esta cualidad de sinceridad encierra tres aspectos, su palabra, las acciones y la personalidad. Primeramente, tiene que ver con su palabra. ¿Puede confiar en que él le diga la verdad? ¿Cree él en lo que dice? ¿Es él propenso a mentir o a engañar (aun «mentirillas blancas»)? Segundo, la sinceridad involucra las acciones y el comportamiento. ¿Se comporta diariamente de manera correcta? ¿Consideran los demás que posee credibilidad, reputación y respetabilidad? Finalmente, ¿posee la capacidad de ser real, verdadero y transparente? ¿Cuán difícil es conocer a esa persona? ¿Es usted capaz de discernir sus cualidades internas luego de un período de tiempo, o esa persona tiene tantas capas o defensas y disfraces que usted no puede penetrarlo?

Laura vino a verme (Sam) tres meses después de su luna de miel. Estaba muy turbada acerca de la falta de vinculación con su esposo. Su queja específica era: «Él no se quiere sincerar conmigo. Es tan callado. Siempre está viajando y dice que está metido en complicados asuntos de negocios». Además me reveló que él no quería contarle nada acerca de sus negocios («son tan complicados»). Luego de hablar acerca de la historia de su relación, era claro que inicialmente ella fue atraída hacia su esposo por la misma razón por cual ahora estaba disgustada. Admitió que se sintió atraída hacia él porque era un «tipo muy fuerte, muy silencioso». Además estaba intrigada por su «misteriosa» naturaleza. En realidad, ella fue atraída hacia él porque era retraído y difícil de adivinar. ¡Imagínese! Si usted se siente atraído por alguien por esta razón, puede que se meta en problemas.

3. Comprometido

La idea aquí es encontrar a alguien que pueda demostrar un estilo de vida comprometida, no alguien que solamente habla de ello. Cualquiera puede decir: «Sí, estoy comprometido contigo» Pero, ¿poseen ellos lo necesario para una relación de largo trayecto? El Dr. James Dobson habla de dos tipos de compromiso: el compromiso de contrato y el compromiso de convenio. El compromiso de contrato es igual a un acuerdo comercial, si usted cumple con sus obligaciones, yo cumplo con las mías. Si usted viola el acuerdo, entonces tengo una salida, una cláusula de escape. Esta forma de compromiso es condicional (puede ser un abogado el que confeccione el contrato de matrimonio). Lamentablemente, esta parece ser la típica actitud en nuestra sociedad actual.

Por el otro lado, un compromiso de convenio es uno que pone el énfasis en cumplir con la parte del trato, sin tener en cuenta su participación. Es un compromiso incondicional de permanecer juntos toda la vida. *Verdaderamente, Dios tiene un tipo de compromiso de convenio con todos los cristianos. Pese a nuestro comportamiento o irresponsabilidad, Él está comprometido a cumplir su parte del acuerdo.* Nunca nos dejará o nos desamparará, Él nos prometió la salvación eterna y nos provee de un amor y aceptación incondicionales.[2]

Susana trabajaba en la profesión legal y estaba acostumbrada a dar respuestas políticamente correctas (las cuales con frecuencia no son en realidad una respuesta). Nunca olvidaré (Sam) nuestra primera sesión de consejería prematrimonial. Cuando le pregunté a Susana acerca de su compromiso con Charles, me contestó: «Bueno, seguro que estoy comprometida con Charles, porque estoy enamorada de él». Ella continuó diciendo: «Pero si algo sucede y en cierta medida dejamos de estar enamorados, dependiendo de cómo nos sintamos en ese momento, siempre existe la posibilidad de que ocurra algo imprevisible». Usted se ha dado cuenta. Susana representa a alguien con un compromiso de contrato. Ella todo lo tiene por escrito condicionalmente. El amor fiel es un compromiso incondicional hacia una persona

2. Dr. James Dobson, Focus on the Family Radio interview [entrevista de radio en el programa Focus on the Family], junio de 1998.

imperfecta. Esta es la mejor definición del amor que conocemos. Esto *es* amor. Sin embargo, algunos de ustedes a nivel intuitivo pueden decir que esto suena demasiado ideal, demasiado ajustado a una norma. Una mujer sabia dijo en cierta ocasión: «Cuando miré a mi novio durante la ceremonia de casamiento, me di cuenta súbitamente de que no podía decir con sinceridad que lo iba a amar perfectamente. *Pero podía prometer no apartarme nunca de él*». En forma similar, el Dr. Dobson expresó el secreto final para un amor eterno: «Si usted elige casarse, entre a un convenio con la resolución de permanecer comprometidos el uno con el otro por toda la vida».[3] Estamos de acuerdo con el Dr. Dobson.

4. Indulgente

La indulgencia es simplemente liberar a una persona de la deuda que usted comprende tiene con usted. Trata acerca de liberar de la necesidad del castigo, de estar resentido o guardar rencor cuando le han hecho daño. Cuando encontramos parejas que han estado casadas felizmente durante treinta y cinco o cuarenta años, frecuentemente les pedimos que nos resuman el secreto de su éxito. Por supuesto, la gente da respuestas diferentes que van desde «un montón de duro trabajo y compromiso» a «un montón de diversión y buen sentido del humor». Pero casi siempre, una de las razones dadas fue «la capacidad de perdonarse entre sí». Si usted tiene el serio propósito de buscar a alguien con un carácter indulgente, asegúrese que conozca las seis palabras mágicas: «*Lo siento, actué mal, ¿me perdonas*»? Si no sabe porqué poseen estas palabras un poquito de magia, entonces pruébelas usted mismo. ¿Qué tipo de persona tiene por novio o novia? ¿Es rápido para condenar y lento en liberar a otros de la carga? ¿Guarda rencor o resentimientos? ¿De qué forma resuelve los conflictos? ¿Percibe usted un ansia de compromiso, de seguir y moverse hacia adelante? ¿Hay evidencias de un espíritu indulgente? Nosotros esperamos que sí. Una relación exitosa entre dos personas imperfectas debe ser bañada en una atmósfera de mutua indulgencia diaria.

3. Dr. James Dobson, *Life on the Edge* [Al borde de la vida], p. 104.

5. Generoso

Esta cualidad no trata tanto de dar cosas materiales sino más bien de la capacidad de una conducta abnegada. Ser generoso significa poner a los otros primero. Una persona generosa sale de sí misma y da en lugar de esperar recibir siempre algo de usted. Una persona así posee la capacidad de estar «centrada en otros». Puede demostrar sensibilidad a sus necesidades y la capacidad de satisfacerlas. Lo más importante, un ser generoso desea verlo crecer y amarlo de manera que pueda desarrollarse plenamente. Cuando el amor romántico se debilite (lo cual por cierto sucederá), la relación puede ser mantenida solamente por un tipo de amor más profundo, el tipo de amor que quiere verlo crecer.

Steve era lo opuesto a una persona generosa; no era solamente centrado en sí mismo, ¡sino que en realidad creía que era una persona humilde, abnegada y generosa! Su capacidad de verse a sí mismo correctamente era increíblemente pobre. Constantemente lloriqueaba acerca de sus dolores y molestias, molestando a su novia al pedirle que le frotase su espalda y sus pies. Cada día traía nuevos inconvenientes que requerían la atención de Donna. Ella era feliz de poder atender a su novio, pero luego de un tiempo se dio cuenta de la costumbre de dar en una sola dirección y lo dejó. A través del tiempo ella vió su verdadero carácter y se ahorró un sufrimiento para toda la vida.

Consejos útiles para discernir el carácter

1. *En las crisis se revela el verdadero carácter de cada uno.* Cuando alguien es enfrentado con una difícil circunstancia o situación, generalmente no tiene tiempo para pensar. En momentos cruciales cuando debe adoptarse una decisión súbita, la gente obra con naturalidad. Responden a los dictados de su corazón. Preste mucha atención a las personas bajo presión o en situaciones de crisis si los quiere conocer realmente como son.

2. *El carácter es, lo que usted es cuando nadie lo observa.* Si esto es cierto, entonces es vital que usted ponga un gran énfasis en la conducta de su pareja cuando están juntos, solos y a puertas

cerradas. El espíritu de esta verdad sugiere que la forma en que es tratado por su pareja en privado es mucho más importante que como la trata en público, especialmente en la familia y entre amigos. Muchos pueden fingir un carácter en público y algunos son actores fabulosos cuando las circunstancias así lo exigen. Por lo tanto, si usted siente que en público le tratan de una manera inapropiada o irrespetuosa (cuando se supone que su pareja está en su «mejor conducta»), ¿qué nos dice esto acerca del verdadero carácter de esa persona? Usted puede apostar a que aún es peor.

3. *Los amigos son una ventana al carácter de una persona.* Para conocer verdaderamente a una persona, observe a sus amigos. ¿Con qué tipo de personas se reúne? ¿A quién tiene a su alrededor? Todos nosotros tenemos la tendencia de girar alrededor de aquellos con los cuales sentimos que tenemos mucho en común. Por lo tanto, generalmente somos como aquellos con quienes nos asociamos. Tenga en cuenta lo que dijo el apóstol Pablo en 1 Corintios 15.33: «No erréis; las malas conversaciones corrompen las buenas costumbres». Raras veces la influencia ocurre de otra manera.

4. *Fíjese en anteriores relaciones para determinar patrones de conducta.* Tenga en cuenta si existe un patrón de deslealtad, deshonestidad o falta de perdón en pasadas relaciones. Preste atención a cómo habla su pareja de su anterior novia o novio. Pregúntese también cómo trató a sus padres mientras crecía y cómo los está tratando ahora. Esto le dará con frecuencia indicios de cómo es la persona verdaderamente. En el análisis final, los patrones de conducta revelan más que las palabras o promesas.

5. *Déle muchísimo tiempo.* Uno de los puntos en los que continuamente debemos insistir es la necesidad de darse una gran cantidad de tiempo para descubrir quién es su pareja realmente. Es una verdad tan obvia y sin embargo tan difícil de realizar. Sería muy difícil exagerar la importancia de esta verdad. Realmente, hemos dedicado un capítulo entero a este tema (cuarto mandamiento: «Lo tomarás con calma»).

ES SU ELECCIÓN

En el final de la película *Indiana Jones y la última cruzada*, Donovan había «elegido mal» en su búsqueda de la copa, y por último le tocó a Indiana elegir entre todas las copas que le fueron presentadas. Recuerde, él pasó por encima de las brillantes, ornamentadas y ricamente adornadas copas, estas que inicialmente agradaban a los ojos. En su lugar, eligió una copa simple, usada e indefinida la cual, cuando fue sumergida en el agua para ser llenada, demostró ser de oro puro. Indiana bebió de la copa y el caballero afirmó: «usted eligió *sabiamente*». No deje de ver el punto en cuestión. No estamos diciendo que usted debe buscar a una persona sin atractivos y con una personalidad polvorienta. Más bien, busque ser juicioso en cuanto al carácter. No se comprometa en ese campo tan decisivo. Si alguna vez tiene que ser exigente cuando examine a su pareja, ¡es esta! Todas estas cualidades deberían ser *no negociables*. Con demasiada frecuencia vemos a individuos que están dispuestos a comprometerse y aceptar tres o cuatro de estas cinco cualidades. Estas posibilidades suenan bien en Las Vegas pero no encierran los requerimientos necesarios para una relación matrimonial saludable.

La mayoría, sino todas las canciones populares que se escuchan por radio implican que todo lo que usted necesita es amor. Esto viola directamente la ley de elegir sabiamente. El sutil mensaje es: «No sea juiciosa, solamente sea feliz porque consiguió a alguien que la quiere. No se preocupe acerca del pasado o qué tiene en su interior, todo esto es irrelevante en tanto él la quiera».¡Qué chiste! La única manera de elegir sabiamente es hacer elecciones basadas en el carácter, esas cualidades intangibles. Está bien que tenga una «lista de deseos» acerca de su pareja, pero asegúrese que su enfoque primario esté dirigido hacia lo que usted necesita, un buen carácter. Este es el enfoque principal. Al discernir el carácter, formúlese estas cinco sencillas preguntas:

1. ¿Puede él o ella demostrar lealtad?

2. ¿Puede él o ella ser abierto y verdadero?

3. ¿Puede él o ella permanecer unido cuando las cosas se ponen difíciles?

4. ¿Puede él o ella sacarlo de apuros?

5. ¿Puede él o ella ponerlo a usted en primer lugar?

CONSECUENCIAS POR DESOBEDECER ESTE MANDAMIENTO

- Puede que usted se involucre con alguien atractivo, adinerado y divertido, pero será desgraciado e insatisfecho porque él o ella no son lo que usted realmente necesita como pareja.

- Puede que se decida por el primer cuerpo tibio disponible y experimente el sentimiento más solitario de todos, de estar «eternamente» comprometido con una persona que usted no ama.

- Puede que viva el dolor y el desgarro de una relación que se ha hecho pedazos debido a que ustedes se han involucrado con la persona equivocada. Usted se casó con alguien que es vago, deshonesto, desleal, o espiritualmente sin compromisos.

BENEFICIOS POR OBEDECER ESTE MANDAMIENTO

- Aumentarán grandemente sus probabilidades de conseguir lo que quiere.

- Aumentarán grandemente sus posibilidades de estar en una relación saludable.

- Será capaz de descartar parejas indeseables al comienzo de su noviazgo, ahorrando tiempo, energía y dinero.

- En el proceso del noviazgo será una persona que elige, en vez de ser un mendigo.

ayuda para usted que ha desobedecido este mandamiento

- Si se encuentra actualmente en una relación y sabe que no es lo que necesita o quiere, entonces salga ahora mismo de esta relación. Suponga que nada hará cambiar a esta persona. Si usted besa a un sapo, solamente tendrá baba en su boca.

- Si no está actualmente atado a ninguna relación, o aun si está a la búsqueda de una en particular, entonces hágase el compromiso de buscar los CEC en su próxima relación.

Conclusión

ðeBERÁS ACTUAR
[EL UNDÉCIMO
MANDAMIENTO]

En un país donde el porcentaje de divorcios es ahora *más* del cincuenta por ciento, las probabilidades sugieren que es más verosímil que tenga un matrimonio fracasado que uno exitoso. Para la mayoría de las personas, la sombra de esta realidad presenta una perspectiva pesimista. Lamentablemente, la mayoría de los solteros con los cuales hemos hablado están dudando, ensayando e inseguros acerca de su capacidad de vencer las probabilidades. ¡Por esto hemos escrito este libro! Creemos que usted puede hacer algo mejor que cruzar los dedos y desear que todo salga bien. Nuestra meta fundamental fue la de proveerle a usted de un sentimiento más grande de seguridad y esperanza. Creemos que usted puede incrementar significativamente las probabilidades de tener un perdurable matrimonio siguiendo estos diez mandamientos.

Por alguna razón usted fue atraído por este libro. Usted desea, obviamente, lo mejor de Dios para su noviazgo, y finalmente usted desea una saludable relación amorosa. Le hacemos notar que cualquier verdad que haya encontrado importante para su experiencia requerirá algún tipo de cambios. Sin embargo, no hay nada peor que leer este libro, estar de acuerdo con sus premisas y principios y sin embargo no hacer nada al respecto.

Si hasta ahora no se ha dado cuenta, nosotros dos somos muy proclives a la acción. Creemos que cualquier cambio en la vida de uno debe ser acompañado por la acción (literalmente, movimiento físico). Tener el discernimiento solamente no basta. Tiene que haber un momento en el cual usted comienza a «mover sus pies», sin hacer caso de que se sienta con ganas o no. Michele Weiner-Davis lo expresó bien cuando indicó que en algún momento usted deberá parar de hablar a sus amigos y a su familia, parar de escuchar cintas grabadas de autoactualización, parar de leer libros de autoayuda, y comenzar a vivir. La diferencia entre quienes cambian su vida y viven sus sueños y aquellos que no hacen cambios se resume en una sola palabra: *acción.*[1]

En tal sentido, desearíamos ofrecer varios métodos claros y concisos para tomar la acción y aprovechar al máximo este material. Si desea obtener el máximo beneficio de este libro, deberá identificar cuáles leyes está violando y entonces tomar acción. Esto puede requerir el terminar una relación con su pareja actual, porque usted sabe que no es la persona correcta para usted. Puede ser que usted esté atormentado por su baja autoestima o inseguridad, y que es tiempo que haga algo al respecto. O puede que haya encontrado pobres cualidades de comunicación y de solución de conflictos, y por consiguiente necesita programar algún tiempo para aprender nuevas y saludables maneras de relacionarse. Cualquiera de estos pasos pueden parecer difíciles o hasta riesgosos, pero son necesarios. ¿Está usted listo para entrar en acción? Entonces siga nuestro siguiente consejo:

Obsérvese usted mismo

Todo comienza con usted. Nadie más puede hacerlo feliz, íntegro o completo. Usted debe ser firme y completo por sí

---

1. Michel Weiner-Davis, *Change Your Life and Everyone in It* [Cambie su vida y a cada uno que le rodea], Simon & Schuster, New York, 1995, p. 53.

mismo. ¿Sabe quién es usted? ¿Se siente bien consigo mismo? ¿Posee firmes sentimientos acerca de su valía? ¡La respuesta es sí o no! Si es sí, entonces avance constantemente y vea estas nuevas consideraciones. Si respondió *no*, ¡entonces tome deliberadamente acción ahora! Haga algo al respecto. Es así de sencillo. Hágase el propósito de que estabilizar su identidad sea su meta número uno, y trate todo el tiempo con esto. Ya sea que lo haga a través de una consejería pastoral, consejería profesional u otras vías de crecimiento, hágalo ahora.

Tome responsabilidad por sus relaciones

Si usted es del tipo que constantemente se encuentra en relaciones enfermizas, entonces es tiempo de identificar los patrones que las producen y decidir cómo cambiarlos. No necesita nunca más ser una víctima de la «mala suerte». Es hora de tomar la responsabilidad por los malos hábitos del noviazgo. Deje de culpar a los demás, y aprenda a evitar ciertos patrones y parejas enfermizas. Es su elección.

Recupere lo que perdió

Hay aun otro grupo que ha sido devastado o herido debido a las repetidas violaciones de uno o varios mandamientos. Por ejemplo, todos hemos cedido a la tentación de ir demasiado rápido en una relación. Es fácil apurarse cuando estamos excitados por alguien. En algún momento todos hemos sido culpables de poner demasiado énfasis en el aspecto romántico y apasionado de una relación (es decir, fallamos en usar nuestro cerebro). Muchos de nosotros nos recordamos de los remordimientos asociados a una indiscreción sexual. Ir demasiado lejos, demasiado rápido, todo eso es demasiado común. Mire, todos hemos estado en eso. Todos hemos caído en una de estas decisivas partes. Quizás usted perdió su confianza, dignidad o autorespeto. Bueno es hora de recuperar lo que pueda haber perdido. Es cosa suya comenzar el proceso de sanidad a través del conocimiento, la confesión y la renovación.

Eche un vistazo a su alrededor

Casi con certeza, los que han leído este libro tienen una escasa vida de relaciones. Usted, o se ha cuestionado a sí mismo o casi ha dejado de tener esperanzas. Quizás se preguntó: «¿Dónde se pueden encontrar personas buenas en estos tiempos?» O quizás hasta pueda haber llegado a la conclusión de que: «Todos los buenos ya no están disponibles». No es así. Lo más probable es que el «señor o la señorita correcta» es alguien a quien usted ya conoce. La inmensa mayoría de las parejas felices y exitosas se conocieron en lugares comunes mientras estaban en la rutina de su diario vivir. O se conocieron a través de íntimos amigos. En otras palabras, no es el ámbito de un bar, de un club social o por intermedio de agencias de matrimonios que las parejas se juntan para una relación duradera. ¡Es muy posible que su futura esposa esté directamente debajo de su nariz!

Tómese su tiempo

Inmediatamente que usted se encuentre en una relación seria, usted debe tomarse un tiempo para pensar en el fruto de esa relación, especialmente cuando usted tiene interrogantes acerca de ella. Por encima de todo esto, hay una prueba que le puede ayudar a determinar si hay o no potencial en la relación. Es una simple pregunta: *¿Me siento estimulado, afirmado, inspirado y desafiado a crecer y ser una persona mejor cuando estoy con mi pareja?* Esto es. Una vez más, si la respuesta es no, entonces es tiempo de entrar en acción.

Tome estas reglas en serio

Finalmente, queremos recordarle que estas reglas no son recomendaciones o sugerencias. Ignórelas y pagará las consecuencias; no podemos predecir o precisar un resultado directo, pero le podemos garantizar que será negativo. Por el contrario, busque seguir esta reglas y experimentará resultados positivos, ¡bendiciones! Las relaciones no tienen porqué ser tan complicadas y misteriosas como a veces las vemos. Obedezca a los diez mandamientos del noviazgo y podrá experimentar claridad, seguridad, esperanza y, sobre todo, bendición.

Acerca de los autores

Ben Young dirige en la actualidad uno de los más grandes ministerios de solteros de los Estados Unidos. En los diez años que ha integrado el cuerpo de oficiales en la Segunda Iglesia Bautista de Huoston, Texas, ha atendido en el programa de solteros a más del doble de los siete mil doscientos de la actualidad. Posee un Master de Divinidad del Seminario Teológico Bautista. Ben también dirige *El enlace del soltero*, un programa radial dedicado exclusivamente a los solteros. Es un popular orador en conferencias y retiros por todo el país.

Sam Adams, Doctor en Sicología, es un sicólogo clínico licenciado. Obtuvo su grado de licenciado de la Universidad de Baylor. Recibió su maestría del Seminario Western y un doctorado de la Escuela Graduada de Sicología Clínica de la Universidad George Fox. En la actualidad mantiene un servicio privado constante en Austin, Texas, en el cual su principal énfasis está puesto en los temas de relaciones y matrimonio. Reside en Austin con su esposa Julie y sus tres hijos.

Ben Young
Single Life Ministries
6400 Woodway
Houston, TX 77057
Teléfono: (713) 465-3408

o puede consultar a la página de Internet en:
singleconnection.org

Dr. Sam Adams
5524 Bee Caves Road
Building E, Suite 1
Austin, TX 78746
Teléfono: (512) 328-9700